Couverture inférieure manquante

(1)

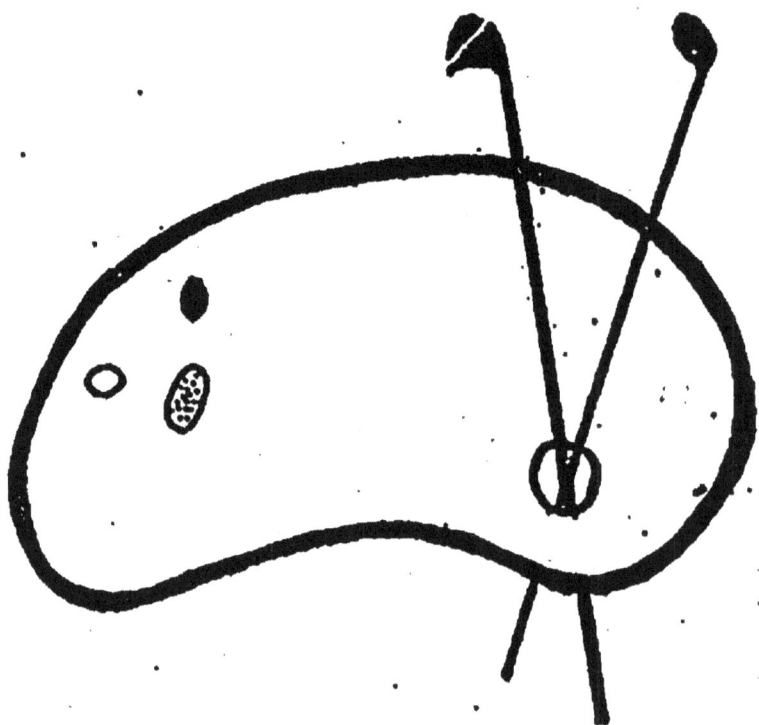

DEBUT D'UNE SERIE DE DOCUMENTS
EN COULEUR

DU LOUAGE D'OUVRAGE

ET D'INDUSTRIE

EN DROIT ROMAIN ET EN DROIT FRANÇAIS.

THÈSE POUR LE DOCTORAT

SOUTENUE

Par M. Joseph GRENIER de CARDENAL, avocat,

né à Razac-d'Eymet (Dordogne),

Lauréat de la Faculté des Lettres de Toulouse (Concours de 1870)

BERGERAC

IMPRIMERIE TYPOGRAPHIQUE ET LITHOGRAPHIQUE DE FAISANDIER
18, Rue Bellegarde, 18.

1874

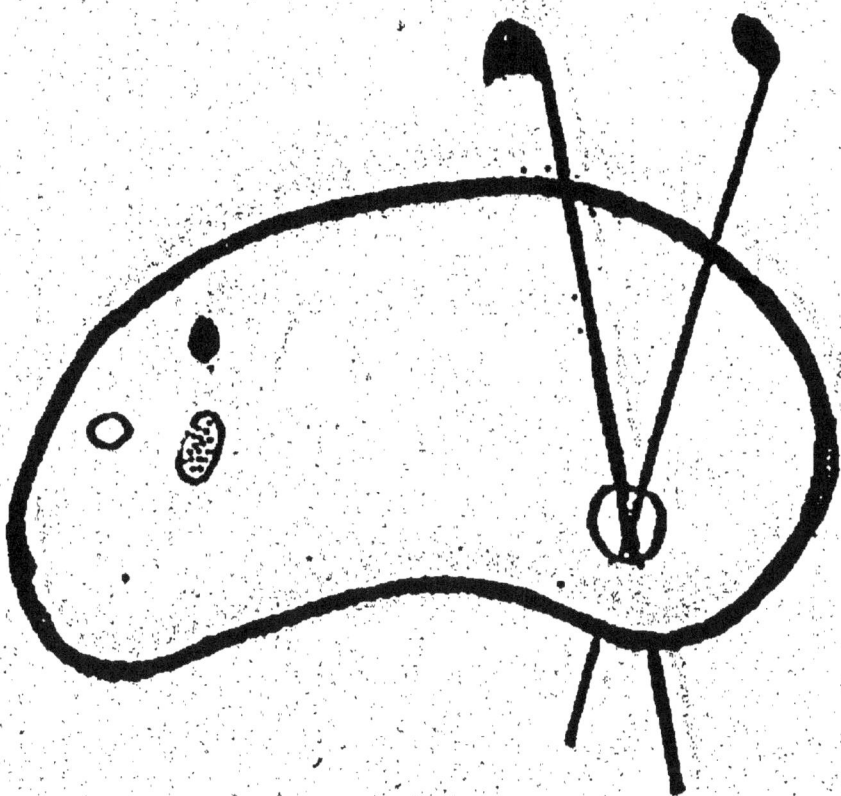

FIN D'UNE SERIE DE DOCUMENTS
EN COULEUR

FACULTÉ DE DROIT DE TOULOUSE.

DU LOUAGE D'OUVRAGE

ET D'INDUSTRIE

EN DROIT ROMAIN ET EN DROIT FRANÇAIS.

THÈSE POUR LE DOCTORAT

SOUTENUE

Par M. Joseph GRENIER de CARDENAL, avocat,

né à Razac-d'Eymet (Dordogne),

Lauréat de la Faculté des Lettres de Toulouse (Concours de 1870)

BERGERAC

IMPRIMERIE TYPOGRAPHIQUE ET LITHOGRAPHIQUE DE FAISANDIER

18, Rue Bellegarde, 18.

1874

FACULTÉ DE DROIT DE TOULOUSE

MM. Dufour ✻, doyen, *professeur de Droit commercial.*

Rodière ✻, *professeur de Procédure civile.*

Molinier ✻, *professeur de Droit criminel.*

Bressolles ✻, *professeur de Code civil.*

Massol ✻, *professeur de Droit romain.*

Ginoulhiac, *professeur de Droit français, étudié dans ses origines féodales et coutumières.*

Huc, *professeur de Code civil.*

Humbert, *professeur de Droit romain, en congé.*

Rozy, *professeur de Droit administratif.*

Poubelle, *professeur de Code civil.*

Bonfils, agrégé, *chargé du cours de Droit des gens.*

Arnault, agrégé, *chargé du cours d'Economie politique.*

Deloume, agrégé, *chargé du cours de Droit romain.*

Constans, agrégé.

Laurens, agrégé.

Paget, agrégé.

M. Darrenougué, Officier de l'Instruction publique, Secrétaire, Agent comptable.

Président de la Thèse : M. Rozy.

Suffragants.
{ MM. Bressolles, Massol, } *professeurs.*
{ Arnault, Deloume, } *agrégés.*

La Faculté n'entend approuver ni désapprouver les opinions particulières du candidat.

PRÉFACE

Dieu en disant à l'homme : Tu mangeras ton pain à la sueur de ton front, a fait du travail la loi de l'humanité. « Mais s'il a été le châtiment de la déchéance, il est devenu, « pour employer les belles paroles de Frédéric Ozanam, la « loi de la régénération... C'est lui qui fait les époques « glorieuses quand il y trouve l'inspiration, et quand elle « n'y est pas, c'est encore lui qui fait les hommes utiles et « les peuples estimables. » C'est par le travail que l'homme s'élève, par lui qu'il utilise les belles facultés intellectuelles qui lui furent départies, par lui qu'après avoir pourvu aux besoins pressants de la nature, il peut enfin goûter ces jouissances du bien-être qui sont sa récompense et son plus sûr aiguillon.

Mais les aptitudes naturelles de chacun et la constitution même des sociétés a divisé les travailleurs en deux classes. Aux uns sont réservés les nobles travaux de l'intelligence; ils sont savants, penseurs, philosophes, poètes, peintres. C'est un travailleur, celui qui consacre ses veilles à agrandir le champ des connaissances humaines, celui qui applique et vulgarise ce que le génie des autres a révélé. Le rôle des autres est plus modeste, mais le travail purement physique n'est ni moins honorable, ni moins utile.

On a essayé, et on essaiera probablement longtemps encore, d'établir une ligne de démarcation infranchissable entre ces deux classes de travailleurs, cependant pour tout esprit réfléchi la différence n'existe pas. Tous ceux qui travaillent concourent à la création ou au perfectionnement d'un objet, et on ne peut voir une différence dans ce fait que l'un mettra dans le commerce une chose matérielle saisissable, tandis que l'autre créera ou éditera ce qu'on est convenu d'appeler une œuvre d'art.

Cependant la division du travail a créé entre les hommes des rapports de différente nature; il y a des hommes qui se déchargent d'un travail sur d'autres qui louent leurs forces et leur industrie moyennant une certaine rémunération. Il se crée alors dans cette situation un lien de droit que les législateurs ont dû soumettre à certaines règles.

Ce sont ces rapports de celui qui travaille avec celui pour lequel il travaille que nous avons l'intention d'étudier. Deux voies nous étaient ouvertes. Nous aurions pu, élargissant les limites de ce modeste travail, nous lancer dans le champ si vaste de l'économie politique, où la question qui nous occupe est le sujet des théories les plus contradictoires et des controverses les plus vives. Mais une telle entreprise est au-dessus de nos forces. Nous n'étudierons donc ici aucun de ces grands problèmes sociaux qui tous se rapportent au travail de l'homme, et à la condition du travailleur.

Nous ne nous occuperons ni du droit au travail si chaudement attaqué, si habilement défendu, ni de l'organisation du travail, encore moins de l'antagonisme entre le capital et le travail, antagonisme qui n'existe pas pour ceux qui, comme nous, sont persuadés que le capital d'aujourd'hui n'est que le produit du travail d'hier, et que le travail d'aujourd'hui sera le capital de demain. Nous n'examinerons pas ce qui est préférable du salariat ou de l'association, ni si, à la place de tous ces salariés travaillant pour le compte d'autrui, sans souci du résultat de leur travail, des associés travaillant dans leur propre intérêt ne seraient pas encouragés à mieux faire.

Ce sont là autant de questions diverses autour desquelles peut s'exercer librement l'imagination des hommes. Si nous voulions passer en revue toutes les discussions auxquelles elles ont donné lieu, nous dépasserions les bornes que nous nous sommes imposées. C'est à regret cependant, nous l'avouons, que nous les passons sous silence, car elles intéressent tout le monde, celui qui travaille comme celui qui fait travailler, et leur solution, si elle peut être enfin trouvée, amènera un changement notable dans l'état de la société.

Mais cette question offre aussi un grand intérêt au point de vue juridique, et nous pouvons affirmer que s'il a été commis tant d'erreurs, s'il a été entassé tant de sophismes, c'est parce qu'on n'a pas assez compris que, sur ce point, comme sur beaucoup d'autres, le droit et l'économie politique ne sont pas deux sciences ennemies, mais qu'au contraire elles se soutiennent mutuellement.

Les sains principes juridiques, en apprenant qu'il n'y a pas de droits sans devoirs, eussent coupé court à bien des divagations, et les lois bien entendues de l'économie politique eussent empêché d'écrire dans nos codes des articles dont l'abrogation est demandée aujourd'hui, et dont un, spécial à notre matière, l'art. 1781, a été abrogé.

C'est donc principalement au point de vue juridique, sans exclusion cependant des principes économiques, que nous étudierons le louage d'ouvrage; nous en suivrons les développements à travers l'histoire et les législations anciennes pour arriver à ce qu'il est aujourd'hui sous l'empire de notre code civil.

INTRODUCTION

CHAPITRE I

Du Contrat de Louage d'Ouvrage dans les Sociétés anciennes.

Chez les peuplades primitives, chacun pourvoyant lui-même à la satisfaction de ses besoins, remplit toutes les fonctions nécessaires pour que ces besoins soient satisfaits. Aussi à cette période de l'humanité, n'est-il encore question ni d'esclavage ni de louage d'ouvrage ; les guerres sont sans merci : un prisonnier serait une bouche inutile, on le tue.

Mais, à mesure que la civilisation se développe, dès que l'homme est parvenu à réduire à la domesticité certains animaux, bœufs, moutons, chevaux ou lamas, dès qu'il est devenu pasteur, et, par le fait, obligé à des migrations incessantes, les travaux se spécialisent. Le chef de la famille ne pourra plus suffire à la garde des troupeaux, sans cesse croissants ; il cherchera un secours dans des bras étrangers. Puis, si la guerre éclate, loin d'immoler ses prisonniers, il leur donnera la vie sauve, à condition qu'ils travailleront pour lui. L'esclavage naîtra, et le prince des philosophes ne craint pas de justifier par le prétendu droit au meurtre du captif cet homicide moral qu'on nomme la servitude.

Il ne rentre pas dans notre cadre de nous appesantir sur l'esclavage et le travail servile. Dans les sociétés primitives, comme plus tard à Athènes et à Rome, l'esclave perd en grande partie sa qualité d'homme ; ce n'est plus qu'une bête de somme dont la valeur réside uniquement dans les usages auxquels il peut servir.

Mais, à côté des esclaves, nous trouvons aussi des hommes libres, de condition inférieure, qui, moyennant un salaire, travaillent pour l'avantage et l'utilité d'autres hommes libres. Les lois de Manou nous parlent des Vaysias, caste inférieure à celle des prêtres et des guerriers, dont l'occupation est le commerce et l'industrie, et des Soudras, dont l'unique office est de servir les classes précédentes.

La loi mosaïque admettait l'esclavage, mais la servitude était exempte de dureté. Pour les Israélites, l'état d'esclavage se confondait avec celui de serviteur. (Lévitique XXV, 39 à 55. Exode XXI, 7 et suivants, 10, 11, 26 et 27.)

Nous avons plus de détails sur le travail mercenaire en Grèce. Outre les lois, nous pouvons nous aider ici des historiens et des poètes, et les remarquables travaux que M. Caillemer a publiés dans le bulletin de l'Académie de législation de 1868, sur les antiquités juridiques d'Athènes, nous ont initiés à ce qu'était le travail libre dans la Grèce civilisée.

A Lacédémone, nous dit Aristote dans sa politique, la culture des terres était abandonnée aux esclaves et aux Ilotes, et l'industrie n'existait pas.

Il n'en était pas de même à Athènes. Solon y avait divisé les citoyens en six classes, dont la quatrième, celle des mercenaires, était exclue des fonctions publiques, bien que les merce-

naires fussent citoyens et aptes à prendre part aux délibérations
publiques.

Dans la capitale de la Grèce intellectuelle, le travail libre
avait acquis un certain développement. Les nécessités du commerce maritime concoururent, avec les progrès de la civilisation, à relever la condition des métoèques, des affranchis, et
même des esclaves, en effaçant une partie des préjugés défavorables aux métiers laborieux.

Nous trouvons dans les lois de Platon les passages suivants,
relatifs aux artisans : « Les artisans doivent éviter tout mensonge
en ce qui concerne leur travail. Si l'un d'eux n'a point, par sa
faute, fait son ouvrage dans le temps convenu, il paiera le prix
de l'ouvrage qu'il s'était mensongèrement obligé à faire, et, de
plus, il devra l'exécuter dans le temps qui lui sera assigné. Il ne
doit pas surfaire le prix de son travail ; il sait ce qu'il vaut, et,
dans un état libre, il ne convient pas que l'ouvrier abuse de son
art pour tromper les citoyens qui l'ignorent. Celui qui aura
éprouvé un préjudice aura donc une action contre l'artisan. —
Réciproquement, celui qui aura chargé un artisan de quelque
ouvrage, qui aura reçu le travail et ne l'aura pas payé dans le
temps convenu, sera tenu du double. Si une année s'écoule,
bien que les sommes d'argent soient en général improductives
d'intérêt, le débiteur devra payer chaque mois une obole par
drachme. Les actions seront de la compétence du juge des tri-
bus. »

Au même ordre d'idée, quoique dans une sphère plus élevée,
se rapportent les *Ergolaboi* (Justinien, Code IV, 59. Constitution
de Zénon, *de artificio ergobolarum.*) L'*ergolabos* était un entrepreneur qui se chargeait à forfait, moyennant une somme fixe,
déterminée à l'avance, soit de la construction d'un temple ou
de tout autre édifice public, soit des réparations que le temps
avait rendues nécessaires. Callistrate, qui construisit les longs
murs de Thèbes était un *ergolabos*.

A côté de ces entrepreneurs d'ouvrages, Athènes comptait une
quantité considérable d'artisans *(Kolonitai)*, recrutés surtout

parmi les hommes libres qui avaient perdu leur fortune, et à qui il restait toujours la ressource de mettre leurs forces à la disposition d'autrui moyennant un salaire; mais un citoyen actif ne se résignait jamais que sous l'étreinte de la misère à mettre à prix ses efforts, chose qu'il regardait comme une servitude volontaire. Cependant, quel que fût le genre de travail auquel se livraient ces ouvriers, ils n'étaient pas confondus avec les esclaves et ne pouvaient être mis à la torture. Leur situation offrait beaucoup de traces de similitude avec celle que les domestiques et les journaliers occcupent dans notre civilisation.

Le commerce maritime était très-considérable à Athènes, et des lois nombreuses, le plus souvent restrictives, l'avaient réglementé. Au point de vue qui nous intéresse, nous retenons seulement ceci : que l'entrepreneur de transports était responsable de la perte et des avaries des choses confiées à sa garde, à moins qu'il ne prouvât que la perte provenait d'un cas fortuit ou de force majeure.

Les louages honteux dans lesquels une partie promettait à l'autre un service que la loyauté ou les bonnes mœurs réprouvaient, étaient très-fréquents à Athènes. Stéphane est loué pour le faux serment; Necæra, Timarque pour la prostitution ; bien plus, ces infâmes contrats étaient rédigés par écrit, et les parties réglaient avec un soin minutieux les conditions de leur déshonneur. (Eschine contre Timarque, — Démosthènes contre Necæra).

Certains auteurs prétendent que de pareils actes pouvaient servir de base à une action judiciaire, et que la *Diké misthoseos* était ouverte à celui dont on ne respectait pas les prétendus droits ; mais, pour l'honneur d'Athènes, nous ne croyons pas cela possible. Ecoutons d'ailleurs Eschine : « De pareils contrats n'ont aucune valeur; si nous rédigeons des actes écrits, c'est que nous nous défions les uns des autres. Nous voulons permettre à celui qui exécute le contrat de poursuivre celui qui manque à ses engagements; mais ici toute action juridique est impossible. Vous figurez-vous quels procès vous auriez?... Supposez-vous juges d'un semblable débat !... Le demandeur dirait :... Mais il serait aussitôt lapidé. Reconnaissez donc que les actes écrits n'ont pas ici d'utilité. » (Eschine contre Timarque).

Malgré ces quelques dispositions des lois athéniennes relatives au contrat de louage, ce serait une erreur de croire que le travail servile ne jouât pas un grand rôle. Le nombre des esclaves était très-considérable dans l'Attique, et bien qu'ils fussent plus spécialement appliqués à la culture des champs, ou à l'exercice d'un métier, c'était à eux qu'étaient réservés le travail dans la maison du maître et les occupations domestiques. L'ouvrier, tel que nous le comprenons aujourd'hui, tel même que nous le trouverons à Rome, n'existait pour ainsi dire pas, et le louage d'ouvrage consistait presque exclusivement dans de grandes entreprises de construction ou de transports, dans lesquelles l'entrepreneur seul était un homme libre, employant ses propres esclaves à l'accomplissement de son obligation.

CHAPITRE II

Du Contrat de Louage d'Ouvrage en droit romain.

Le contrat dont nous nous occupons était à Rome plus nettement défini que dans les législations que nous venons de passer
en revue. Nous trouvons dans les historiens de nombreux détails sur les mercenaires, et les jurisconsultes avaient donné de
nombreuses solutions sur des espèces relatives au louage, jusqu'à ce que les Instituts, le Digeste et le Code les missent au
nombre des contrats nommés et lui assignassent des règles spéciales. Un aperçu historique nous a donc paru devoir précéder
l'étude juridique que nous allons faire de la *locatio operarum*, et
de la *locatio operis*. Nous avons largement puisé dans le travail
si plein d'intéressants détails que notre savant maître M. Humbert a publié dans le *Bulletin de l'Académie de législation*, sur le
travail libre à Rome. Son autorité de romaniste nous est un sûr
garant que les sources qu'il indique sont tout à fait autorisées et
que ses assertions sont exactes.

A côté du travail servile à Rome, on trouvait des hommes
libres qui tiraient un salaire de leur travail; *homo liber*, dit
Paul (liv. 3, tit. 18, 1 sent.) *Statum suum in potestate habet, operas
suas diurnas, nocturnasque locat*, et qui étaient désignés sous
le nom général de mercenaires. On les appelait aussi *operarii*,
artifices, obærarii, fabri. On désignait plus spécialement sous le

nom d'*artifices* ceux dont le travail impliquait un art, une industrie particulière, surtout en matière de dessins et de sculpture,
les architectes, et parfois même les charpentiers et forgerons,
sans s'élever cependant à la profession libérale des *agremensores*,
medici, rhetores, dont le service est *un opus quod locari non
solet*, et donnait lieu à un honoraire *(honorarium)*, (loi 1 *dig. de
extraordinariis cognitionibus lib.* 50, *tit.* XIII.

Mais Rome patricienne et guerrière ne pouvait être favorable
au développement de l'industrie ; elle n'estimait que les vertus
qui font les soldats, n'encourageait que l'agriculture qui les
exerce et les nourrit, et professait hautement le mépris des
occupations pacifiques de l'atelier et des travaux manuels. Tel
qui s'honorait de conduire lui-même la charrue aurait rougi de
s'enrichir par le commerce, et Cicéron pouvait écrire, à la
faveur de ces préjugés : *Artes non emuntur... merces est aucto-
ramentum servitutis... opifices omnes in arte sordida versantur,
nec enim quidquam ingenuum habere potest officina.*

Nous allons passer en revue la situation historique et économique des ouvriers sous les différents régimes politiques qui se
succédèrent à Rome.

Dans les premiers temps, les ouvriers libres apparaissent
dans des *Collegia* attribués à Numa. Celui-ci, si l'on en croit
Plutarque, aurait créé huit corporations, de musiciens, d'orfèvres, de charpentiers, de teinturiers, de cordonniers, de tan-
neurs, d'ouvriers en cuivre et de potiers de terre, une neuvième
pour les autres artisans. Chaque collége avait ses chefs, ses
assemblées, ses règlements ; des contributions volontaires four-
nissaient aux dépenses, et, à certaines époques, les membres
d'un même collége, unis sous le nom de *sodales*, se rassem-
blaient autour d'un autel commun pour célébrer leurs fêtes par
des cérémonies spéciales.

Pline assigne à ces corporations un ordre différent, mais ni
Tite-Live ni Denys d'Halycarnasse ne parlent de ces colléges
d'ouvriers dont la formation s'explique difficilement si on a
égard au faible développement de l'industrie à cette époque,

et au mépris et au déshonneur qui s'attachaient aux professions manuelles.

Les ouvriers, proprement dits, sont rangés par Tite-Live (I.43) (Cicéron *de Republica* II.22) dans la classe des *Capite censi*, et des *proletarii*. Leur faible cens leur laissait très-peu de droits politiques. Servius Tullius leur accorda quelques priviléges et leur assigna un rang dans les classes. Ils étaient nombreux, cependant, car, suivant les historiens, c'est par des ouvriers Etrusques et non par des esclaves que furent construits les monuments élevés par Tarquin l'Ancien, Servius Tullius et Tarquin le Superbe. Mais la situation économique de ces ouvriers, sous les rois, nous est parfaitement inconnue.

Sous la République, à l'origine du moins, leur condition ne s'améliora pas; mais, un peu plus tard, quand les relations se furent agrandies, les affranchis s'emparèrent de l'industrie et du commerce que négligeaient les ingénus. En 278, A. C. Denys d'Halycarnasse compte à Rome 110,000 citoyens pubères et trois fois autant de femmes, d'enfants, d'esclaves, de métoèques, d'affranchis, de marchands et d'artisans étrangers que la misère, le sort de la guerre et quelquefois les promesses du Sénat attiraient à Rome. D'après les historiens, les premiers barbiers vinrent à Rome en 159, les boulangers en 580. (Pline, *Histoire naturelle*). Les échoppes d'artisans, jadis entassées dans le Forum, se répandirent dans toute la ville, et les prolétaires y gagnaient un salaire sous la direction d'un maître, pour la plupart locataire de ces *tabernæ*.

Tive-Live mentionne encore des ouvriers libres charpentiers et constructeurs de navires; Plutarque nous montre Caius Gracchus sans cesse entouré d'entrepreneurs, de charpentiers, de maçons, et Valère signale l'arrivée en Italie, en 590, d'habiles artistes étrangers.

Le propriétaire de terres les exploitait au moyen de sa *familia rustica*, dirigée par le *villicus*, avec l'aide des *politores*, payés au temps de la moisson avec une partie des fruits. Dans les cantons malsains de l'Italie, ou dans les circonstances pressantes,

on employait des journaliers libres auxquels on laissait une
portion des récoltes, une gerbe sur 7, 8 ou 9. Celui qui battait
le blé avait un cinquième du grain ; on louait aussi des *politores*
pour la récolte des raisins. Des entrepreneurs venaient avec
leurs bandes de mercenaires pour récolter les vins et les olives,
et, dans les vallées de Réaté, les montagnards de l'Ombrie descendaient tous les ans pour louer leurs journées.

À Rome, dans les *tabernæ* ou ateliers industriels, le travail
servile et le travail libre étaient juxtaposés, et souvent les prolétaires y gagnaient des fortunes considérables ; mais, en général, la situation matérielle de l'immense majorité était des plus
dures, le salaire très-minime, 12 as ou 3 sesterces (60 centimes)
si l'on en croit Cicéron, et comme le blé était à un prix élevé,
que les vêtements étaient chers et nécessitaient de fréquents
nettoyages, le budget de l'ouvrier devait se solder en déficit, et
le paupérisme ne tarda pas à se montrer à Rome, où, du temps
de Cicéron, il n'y avait pas 2,000 citoyens jouissant d'une fortune indépendante.

De là une crise économique suivie de guerres que ne purent
conjurer les différentes lois destinées à remédier à cet état de
choses.

Sous l'empire, jusqu'à Dioclétien, la condition légale des
ouvriers est régie par la liberté des conventions entre le travailleur et celui qui l'emploie. Le droit d'association, rétabli
après Jules César, fut aboli par Octave ; on maintint les colléges
d'ouvriers d'origine ancienne, mais il fut défendu d'en créer de
nouveaux, et encore les colléges conservés ne purent former un
être fictif capable d'acquérir des biens ou de contracter des
obligations.

Cependant, dans les deux premiers siècles de l'empire, le
rétablissement de la sécurité à l'intérieur et à l'extérieur dut
amener une reprise du commerce et une amélioration dans le
sort des *operarii*. Il existait alors à Rome, sinon de grandes
fabriques, du moins de vastes ateliers appartenant à de riches
particuliers, qui y employaient des esclaves ou des affranchis,

et un certain nombre de boutiques ou d'échoppes d'artisans libres (*tabernæ*) pour les objets de consommation journalière, comme les vêtements, les meubles, la chaussure, la literie, mais surtout pour les objets de luxe, d'orfèvrerie, *æris tabularumque miracula*, les étoffes précieuses de lin, *vestes linteæ*, dont les fabricants se nommaient *linteones, tectrices, lanifici*, et étaient employés dans les *textrinæ*. (Cicéron *in Verrem* IV, 26, V 56. Tacite, annales 3, 52).

On trouve dans Ovide (Metam. VI, 33), la description des travaux d'une fabrique d'étoffes de laine, mais nul homme d'une famille honnête n'eût consenti à se livrer personnellement à cette fabrication, ni même à un art comme la peinture ou la sculpture, car ces *artifices* n'étaient guère placés à un degré plus haut que les cuisiniers et les coiffeurs, *coqui, unguentarii*, et que les *luctatores* ou athlètes. (Pline, 35, 47). Cicéron *Tusculanes*, 1, 2). Sénèque *Epistolæ*, 88, 18, 115, 8).

Les *pictores, statuarii, marmorarii* et autres fournisseurs du luxe, et *cæteri luxuriæ ministri* exerçaient des arts peu sérieux au point de vue romain, *leviores ou mediocres artes, leviora ou minora studia*. (Cicéron *de Orat.* 12, 6, 19).

Les inscriptions et les textes du digeste et du code mentionnent un grand nombre d'artisans en métaux, en marbre ou en poterie. Citons seulement les orfèvres de diverses natures, *ærarii, aurarii, aurifices, confectores æris*, les *cultrarii* ou couteliers, les *eborarii* ou sculpteurs sur ivoire, etc.

Mais l'honnête artisan ne pouvait lutter contre la concurrence des *tesserarii* ou de la *plebs infima*, contre l'avilissement des salaires résultant du travail servile, et il retombait à la charge de l'Etat, qui dut pourvoir, par des distributions gratuites, cette prime à l'oisiveté, à la subsistance des citoyens.

L'ouvrier libre des campagnes, *politor* ou *colonus*, disparaissait aussi peu à peu, à moins d'être lui-même propriétaire.

En général, aucune disposition législative n'eut pour objet d'encourager le travail et de le relever dans l'opinion publique. Les lois somptuaires, en relevant le prix des objets de luxe pro-

hibés, avaient pour résultat de diminuer la production, et, par
là même, la main-d'œuvre. On accablait sans scrupule les ouvriers de charges très-onéreuses. Caligula les assujettit à un
droit de patente très-rigoureux, (Suetone Calig. 40). Alexandre
Sévère rendit des édits contradictoires dans leurs effets et destinés à réglementer le travail industriel et commercial. Il créa des
chaires de géométrie, de mécanique et d'agriculture ; institua
des manufactures, avança sans intérêts de l'argent aux pau-
vres pour acheter des terres, à charge de remboursement par
annuités sur le produit ; d'autre part, il accrut le vectigal im-
posé à certains fabricants d'objets réputés objets de luxe ; il
frappa notamment les tisserands de toile de lin, *linteones*, les
vitriers, *vitriarii*, les tailleurs de braies, *braccarii*, les pelletiers,
pelleones, les selliers, *plaustrarii*, les orfèvres, *aurifices*, d'une
taxe spéciale destinée à l'entretien des thermes et des bains
publics. Le vectigal des professions honteuses, comme celles de
marchands d'esclaves, de prostituées, *d'exoleti*, fut affecté aux
réparations du théâtre, du cirque et du trésor public.

Sous Aurélien et ses successeurs, l'abus se développa de plus
en plus et réagit sur l'organisation générale du travail industriel.

Vers le troisième siècle, la situation des ouvriers libres dans
les villes dut probablement s'aggraver d'une manière sensible
par suite des guerres civiles et des invasions des barbares ; les
petits propriétaires des campagnes et surtout les journaliers
durent se réfugier dans les villes pour échapper au colonat, et
les empereurs, craignant de voir s'arrêter le travail nécessaire,
accrurent le nombre des corporations d'ouvriers.

Le régime politique et la règlementation industrielle furent
plus défavorables aux ouvriers sous les derniers empereurs :
pour prévenir la désertion et la misère, on resserra les liens qui
retenaient les artisans. Les métiers devinrent héréditaires, et
les ouvriers libres devinrent forcément esclaves de leurs professions. Les corporations se transformèrent en collèges de

fonctionnaires héréditairement condamnés à leurs services, et où vint mourir la dernière lueur de l'art et de l'industrie romaine avec le dernier souffle de la liberté....

———————

DROIT ROMAIN

---

§ I. — DÉFINITION DU CONTRAT DE LOUAGE D'OUVRAGE.
SES CARACTÈRES.

Comme les choses, les biens et les esclaves, le travail pouvait faire l'objet d'un louage. *Quotiens aliquid faciendum datur loca-tio est,* dit la loi 22, par. 1, au *dig. locat. conducti,* liv. 19, Tit. 2.

On distinguait à Rome deux espèces de louage d'ouvrage.

La *locatio operarum.*

La *locatio operis.*

La *locatio operarum* était un contrat par lequel une personne promettait son travail à une autre pour un temps déterminé; (engagement à la journée, à la semaine, au mois et à l'année). Le mot *opera,* si nous en croyons Ennius, cité par Sénèque dans la 108e lettre à Lucilius, avait, chez les anciens, la signification d'*auxilium.* Le *locator operarum* était l'auxiliaire stipendié du maître.

La *locatio operis* était un contrat par lequel une personne promettait à une autre un *opus perfectum* pour un prix déter-miné; (ouvrage à la façon, à la tâche, à l'entreprise). La défini-tion de l'*opus,* est donnée par Labéon dans la loi 5, par. 1, au *dig,* liv. 50, Tit. 16, *de verborum significatione. Est opere facto aliquod opus perfectum.*

Dans la *locatio operarum*, l'ouvrier qui contracte l'obligation s'appelle *locator;* le maître envers qui elle est contractée prend le nom de *conductor;* le contraire a lieu dans la *locatio operis*, où c'est le maître qui est *locator*, tandis que l'ouvrier est *conductor*. Cette distinction n'a d'intérêt qu'au point de vue de l'action accordée aux parties contractantes ; nous y reviendrons quand nous traiterons des actions de louage.

Le louage d'ouvrage est un contrat consensuel ; il n'exige pas pour sa formation des paroles solennelles ; il est parfait dès que l'accord s'est établi entre les parties contractantes sur la chose et sur le prix. Peu importe le moyen extérieur par lequel se manifeste l'accord des volontés, par paroles, par écrit, par lettre, par l'intermédiaire d'un messager. La seule chose nécessaire est son existence. *Non verbis sed consensu contrahitur locatio conductio, sicut emptio et venditio.* (Loi 1, dig. 19, 2). Gaius est très-explicite sur ce point. Mais, à partir de Justinien, si les parties ont convenu de rédiger un écrit, le contrat n'est parfait que lorsque cet écrit a été rédigé avec toutes les formalités voulues.

Le contrat de louage d'ouvrage est synallagmatique. Il astreint le maître et l'ouvrier à des obligations distinctes, mais réciproques. (Just. liv. III, Tit. 22). Chacune d'elles aura donc pour faire valoir ses droits une action directe. L'action accordée au *locator* s'appelle *actio locati;* celle que peut intenter le *conductor, actio conducti.*

C'est un contrat du droit des gens. Cela résulte d'une classification donnée par Marcien à propos des contrats permis aux déportés, du par. 2 aux Instit., liv. I, Tit. 2, et de la loi 1re au dig. à notre titre, où Paul dit : *Locatio et conductio quum naturalis sit et omnium gentium, non verbis sed consensu contrahitur.* Comme tel, il n'est assujetti à aucune forme par le droit civil et régi par les seules règles du droit naturel.

C'est un contrat commutatif : chacune des parties entend recevoir autant qu'elle donne ; l'une, l'ouvrage ou les services, l'autre le prix.

§ II. — ÉLÉMENTS ESSENTIELS DU CONTRAT DE LOUAGE D'OUVRAGE.

Les éléments essentiels du contrat sont au nombre de trois :

1º Un ouvrage à faire au temps ou à la façon ;

3º Un prix déterminé ;

3º Le consentement des parties sur la chose et sur le prix.

Le premier élément du contrat de louage d'ouvrage est soit *opus faciendum*, soit *operæ præstandæ*, un ouvrage à faire ou une prestation de services qui soit l'objet de l'obligation. Nous disons ouvrage à faire, parce que un ouvrage terminé ou exécuté, ne peut que par erreur avoir donné lieu au contrat dont nous nous occupons.

L'ouvrage exécuté doit être possible. *Impossibilium nulla est obligatio.* (Loi 185, dig. *regulis juris*). Il faut distinguer cependant : si l'ouvrage est possible en soi, le contrat existe, un ouvrier étant en faute d'avoir entrepris un ouvrage au-dessus de sa capacité ou de ses moyens.

Il faut de plus que le travail à exécuter soit un *opus quod locari solet*. Paul dans la loi plus haut citée (loi 5 par. 2, *præscriptis verbis*) enseigne que l'obligation d'affranchir un esclave ne donne lieu qu'à l'action *præscriptis verbis*, parce qu'il est impossible d'y voir un contrat de louage.

Il faut de plus que se soit un ouvrage *illiberalis*, c'est-à-dire que ce ne soit pas un travail où l'esprit ait la plus grande part. Nous devons traiter dans un appendice cette question si intéressante et si controversée du mandat salarié ; nous n'avons donc pas besoin d'insister davantage sur ce point.

L'ouvrage ne doit pas être défendu par les lois ni contraire aux bonnes mœurs. La loi romaine refusait une action de louage aux proxénètes; elle s'explique formellement à cet égard. (Loi 3, liv. 50, Tit. 14, de *proxeneticis*). Mais certains engagements de travail que nos mœurs réprouvent et que nos lois ne sauraient tolérer, celui par exemple des gladiateurs, étaient parfaitement sanctionnés et revêtus d'actions par les lois romaines.

Le prix qui porte le nom de *merces* ou de *manupretium* est le second élément essentiel du contrat de louage d'ouvrage. C'est ce qui le distingue du mandat *locatio et conductio contrahi intelligitur si de mercede convenerit,* dit Gaius. (Loi 2, liv. 19, Tit. 2) ; *donationis causa contrahi non potest,* dit Paul, (loi 20, par. 1, *hoc. Tit.*) ; *et nisi merces statuta sit non videtur locatio et conductio,* dit encore Gaius. Le prix doit être sérieux. Si l'on fait un travail pour un prix dérisoire, ce sera, non un louage, mais une donation, parce que si deux équivalents ne sont pas en jeu, il y a libéralité. Le prix ne doit pas être non plus simulé ; s'il n'a été convenu qu'avec l'arrière-pensée de ne pas l'exiger, il y a encore donation.

Il ne doit pas être minime au point d'être hors de proportion avec l'ouvrage, car alors ce serait une *locatio nugatoria ; si quis nummo uno conduxit,* dit Ulpien, (loi 49, 19, 2), *Conductio nulla est quia et hoc donationis instar inducit.* Et un certain nombre de lois relatives au louage des choses, mais dont les principes peuvent s'appliquer au louage d'ouvrage, viennent confirmer presque textuellement l'opinion d'Ulpien. Ce sont, pour ne citer que les principales, la loi 66 *de jure dotium,* la loi 52 *de donationibus inter virum et uxorem.* La loi 10, par. 2, *de acquirendâ possessione.*

Le prix doit être la juste rémunération du travail effectué ou du temps employé au service du maître ; mais, pas plus que dans le cas de vente, il n'est nécessaire qu'il soit absolument égal à la valeur de l'ouvrage. Il peut être plus fort ou moindre, (loi 22, par. 3, 19, 2), pourvu qu'il n'y ait pas de dol, (loi 23, *hoc. Tit.*)

Le prix doit être certain. Il devait être fixé et déterminé d'avance. Si tu couds mes habits, dit Gaius (loi 22, *dig. præscriptis verbis,* liv. 19, Tit. 5), sans que je t'aie promis un salaire, mais avec l'espoir que je te paierai ce que nous conviendrons plus tard, tu auras une action *præscriptis verbis*. Il n'y a pas, en effet, dans cette opération, dit Pothier, un louage, *non est locatio, sed nova negotii species ;* mais il suffirait que la base sur laquelle le prix pourrait être calculé, fût déterminée d'avance pour que le prix fût considéré comme certain, comme par exemple lorsque des usages locaux ou des règlements administratifs établissent un salaire fixe pour le genre de travail promis.

Gaius nous apprend que de son temps l'on controversait la question de savoir si, lorsque la fixation du prix était laissée à l'arbitrage d'un tiers, le contrat était valable. Justinien, dans la loi 15 au Code liv. 4, Tit. 38, décide que, dans le cas de vente, lorsque celui, à l'arbitrage de qui on s'était soumis, fixerait le prix, le contrat serait valable, que les actions seraient accordées aux parties contractantes, et le prix payé sur son estimation ; que, s'il n'avait pu ou n'avait voulu fixer ce prix, le contrat serait annulé, comme si aucun prix n'avait été fixé ; et, dans la dernière phrase de cette loi, il assimile sur ce point le louage à la vente.

Quand il y a plusieurs choses ou plusieurs travaux qui font l'objet du louage, le prix peut être déterminé soit séparément pour chaque chose et chaque travail, soit en bloc, *per aversionem*.

Dans le cas où les parties ne seraient pas d'accord sur le prix, il faut distinguer si le prix offert par le maître est inférieur à celui demandé par l'ouvrier, il n'y a pas de consentement, et, par conséquent, pas de contrat ; dans le cas contraire, il y a consentement jusqu'à concurrence de la somme demandée par l'ouvrier, (loi 52, dig. 19, 2,) (fragmenta *vaticana* par. 44).

Le prix du louage, comme celui de la vente, doit-il consister en argent monnayé ? L'échange du travail contre la monnaie est le type principal des engagements du travail ; aussi a-t-il reçu un nom et des actions spéciales dans le droit romain. Cela résulte de plusieurs espèces prévues par les jurisconsultes. Ulpien, dans la loi 1, par. 9, (*dig. depositi.* 16, 3), examine le cas suivant: J'ai confié un esclave à la garde d'un meunier, moyennant un prix que je me suis engagé à lui payer : il y a louage d'ouvrage; il en est de même si je perçois le prix du travail fait par mon esclave; mais si nous convenons de compenser le travail de cet esclave avec les soins que le gardien se donne pour le surveiller, ce ne sera pas, à proprement parler, un louage, *quia pecunia non datur*, ce sera *quasi genus locati, et conducti;* et la seule action qu'accorde dans ce cas le jurisconsulte, est l'action *præscriptis verbis.*

Paul, dans la loi 5, par. 2, *dig. præscriptis verbis,* 19, 5, nous apprend que lorsqu'on donne de l'argent à un peintre pour faire un tableau, il y a louage ; il ajoute qu'il n'en serait pas de même dans le cas où on lui promettrait une chose pour prix de son travail ; ce serait alors un contrat innommé, *unde nascitur civilis actio in hoc quod meâ interest vel ad repetendum condictio.*

Le troisième élément du contrat de louage est le consentement des parties sur la chose et sur le prix. Les principes qui régissent la matière du consentement sont trop connus pour que nous ayons à les développer ici.

§ III. — DE LA LOCATIO OPERARUM.

La *locatio operarum* est, comme nous l'avons dit plus haut, un contrat par lequel une personne promet son travail à une autre pour un temps déterminé. Le maître, nous l'avons fait observer, s'appelle *locator,* tandis que l'ouvrier prend le nom de *conductor.*

Nous allons rapidement étudier les obligations de l'un et de l'autre.

SECTION 1re. — *Obligations de l'Ouvrier.*

Dans la *locatio operarum,* c'est la personne de l'ouvrier qui est l'objet de la location. En échange du salaire, l'ouvrier promet ses services au maître, et celui-ci s'en sert pour arriver au résultat qu'il a projeté. *In operas singulas, constituta est merces, ut arbitrio domini opus efficeretur.*

L'obligation de l'ouvrier est de consacrer au maître ses peines et ses soins; il doit fournir son travail pendant tout le temps pour lequel il l'a promis, si non le maître pourra retenir sur le prix une somme équivalente au dommage résultant pour lui de l'interruption du travail.

L'ouvrier, promettant son travail et son aptitude, le maître pourra exiger que ces choses soient fournies telles qu'elles ont été promises. Le contrat étant de bonne foi, on devra rechercher quelle a été la commune intention des parties et en particulier le dégré d'aptitude que l'ouvrier s'est attribué en promettant son travail. En effet, en s'engageant à faire un ouvrage au-dessus de ses forces ou de sa capacité, il s'est mis en faute, *imperitia culpæ adnumeratur*, (loi 132 *de regulis juris*). Autrement, en règle générale, le *locator operarum* ne répond pas des résultats de son travail, il ne garantit point la bonté de l'ouvrage.

Une personne peut-elle engager ses services pour un temps illimité? Nous verrons que l'art. 1780 défend d'engager ses services à vie, parce que, dit-on, c'est aliéner sa liberté. En était-il de même en droit romain où la liberté n'était pas inaliénable? Chacun était maître de son état, *statum suum homo liber in potestate habet*, dit Paul; il semble donc qu'on pouvait louer ses services, soit pour un temps illimité, soit pour toute la durée de sa vie. Cependant, nos anciens jurisconsultes, se basant sur un texte de Papinien, qui forme la loi 71, par. 1, au *dig. de conditionibus et demonstrationibus*, avaient admis cette règle très-connue dans notre ancien droit: *Nemo potest locare opus in perpetuum.* Mais le texte de la loi romaine est loin d'être aussi explicite que le langage de nos anciens auteurs; il prévoit une espèce où il est question de legs et de donations, et il n'est pas sûr que le principe qu'elle établit en cette matière puisse être aussi bien appliqué aux contrats qu'aux donations ou aux libéralités testamentaires.

Lorsqu'une personne a engagé ses services à deux autres personnes, elle doit, aux termes de la loi 26, liv. 19, Tit. 2, au dig. satisfaire d'abord la première, à qui elle a promis son travail.

SECTION 2e. — *Obligations du Maître.*

L'obligation du maître consiste à payer le prix convenu.

Mais a-t-il le droit de le réduire, si l'ouvrier n'a pu travailler tout le temps ou n'a pas travaillé du tout? D'après les principes en matière de salaire, le prix n'étant que la juste rémunération du travail accompli, l'ouvrier ne devrait, ce semble, recevoir la *merces* que proportionnellement au travail effectué. Il n'en était pas ainsi cependant; le maître doit le salaire tout entier alors même que le travail aurait été interrompu, lorsque cette interruption est indépendante de la volonté de l'ouvrier. *Qui operas suas locavit totius temporis mercedes accipere debet si per eum non stetit quominus operas præstet,* dit Paul dans la loi 38, à notre titre. Cependant, on a soutenu que le maître ne devait le salaire entier que quand c'était par son fait que l'ouvrier n'avait pu prester les services promis; mais cette assertion est évidemment erronnée. Le *locator operarum* n'a pas promis tel ou tel travail, il s'est engagé à mettre ses services, c'est-à-dire son activité physique et intellectuelle à la disposition du *conductor;* son obligation n'en est pas moins remplie quelles que soient les circonstances qui rendent ses services inutiles, pourvu qu'elles soient indépendantes de sa volonté.

Le maître est-il obligé de payer à son domestique malade tout le salaire convenu, et compter comme jours de travail les jours de maladie? Paul résout cette question par ces belles paroles: *Servire nobis intelliguntur etiam quos curamus ægros, qui cupientes servire, propter adversam valetudinem impediuntur.* (Loi 4, par. 5 au dig. *de statuliberis.*

A notre avis, du reste; le maître doit le salaire toutes les fois que ce n'est pas par son fait ou sa faute que l'ouvrier n'a pu remplir son obligation. Cela paraît résulter pour nous de l'interprétation la plus exacte des paroles du jurisconsulte: *per eum non stetit.* Sans doute, l'on pourra dire qu'à l'obligation du maître de payer le prix, correspond une obligation corrélative de l'ouvrier, celle de fournir les services. Si l'une des parties n'accomplit pas ou n'accomplit qu'imparfaitement son obligation, pourquoi forcer l'autre partie à remplir la sienne? Mais, en présence d'un texte aussi formel que celui de Paul, cité plus haut, nous ne croyons pas, en cette question, le doute possible.

§ IV. DE LA LOCATIO OPERIS.

Nous avons déjà défini la *locatio operis,* un contrat par lequel une personne promet à une autre un *opus perfectum* pour un prix déterminé. Ici, contrairement à ce qui a lieu dans la *locatio operarum,* c'est le maître qui est *locator* et l'ouvrier *conductor.*

SECTION 1re. — *Obligations de l'Ouvrier.*

Les obligations que ce contrat impose à l'ouvrier sont :
1º De faire l'ouvrage sur lequel porte la convention.
2º De faire cet ouvrage dans le temps fixé.
3º De faire un *opus perfectum.*
L'ouvrier doit faire l'ouvrage sur lequel porte la convention ; il doit le faire d'après les conditions de cette convention que nous appellerions aujourd'hui cahier des charges; son obligation sera remplie quand l'ouvrage aura été approuvé, c'est-à-dire lorsqu'il aura été constaté qu'il est conforme au résultat que les parties avaient en vue. C'est par l'*approbatio* que le maître prend possession du travail et déclare que l'ouvrier, s'étant libéré de son travail, doit être payé.

L'approbation n'est pas soumise à des formes solennelles ; elle peut résulter, soit de l'acceptation pure et simple, soit d'un mesurage effectué par celui qui a commandé le travail. Elle peut dépendre du *locator* ou être laissée à l'arbitrage d'un tiers. Si les parties contractantes ont convenu que l'arbitrage serait laissé au *locator* ou à son héritier, on doit respecter cette convention ; l'ouvrier doit suivre les ordres du maître ; mais il ne sera pas loisible à ce dernier de refuser l'ouvrage si un *bonus vir* estime qu'il a été exécuté conformément à ses plans. Si quelque chose a été changée d'après la volonté du maître, Labeon, (liv. 5, *posteriorum a javaleno epitomatum)*, pense que l'ouvrage n'a pas été fait suivant les conditions du contrat, mais comme le changement a été fait par ordre du *locator*, l'ouvrier doit être renvoyé absous comme dans le cas ou un *bonus vir* a déclaré que l'ouvrage était conforme au plan du maître.

L'approbation est abandonnée à l'arbitrage d'un tiers lorsqu'un *bonus vir* doit estimer la qualité de l'ouvrage et décider s'il est conforme à la convention intervenue entre le maître et l'ouvrier. Il ne doit pas s'occuper du temps dans lequel l'ouvrage doit être achevé, et qui est fixé par le contrat, mais seulement de la bonté, *(de bonitate)* de l'ouvrage, à moins qu'il n'ait été convenu qu'il pourra proroger le temps. Il faudra s'en tenir à son approbation, à moins qu'elle n'ait été injuste, ou qu'il y ait eu collusion entre l'ouvrier et lui pour lui faire donner une approbation que l'ouvrage n'aurait pas dû recevoir.

Si l'ouvage a été approuvé injustement sans qu'il y ait eu dol de la part de l'entrepreneur, son appréciation devra être réformée par un jugement de bonne foi. Si, au contraire, il y a eu dol de la part de l'entrepreneur, elle est *irrita*, non avenue, comme si l'ouvrage n'avait pas été approuvé par un tiers. Si le tiers refuse ou s'il est empêché par la mort, la démence ou autre cause, d'approuver l'ouvrage, le louage ne sera pas *inutilis* comme si une des conditions ou contrat faisait défaut. Si, au contraire, c'était le prix qui fût laissé à son *arbitrium*, et que cet *arbitrium* ne pût avoir lieu, le louage serait nul dans ce cas comme la vente. Dans le cas où l'approbation de l'ouvrage n'a pas lieu, ce n'est pas une qualité essentielle du contrat qui fait défaut, comme quand le prix n'est pas fixé. Une obligation, en effet, a pris naissance, celle d'exécuter, moyennant une *mer-ces* déterminée, un ouvrage déterminé dans un temps déterminé, le contrat existe, la substance ne fait pas défaut, l'approbation n'est qu'un complément, une appréciation portant sur un contrat parfait et accompli, pour voir si les conditions ont été fidèlement exécutées, appréciation qui pourrait être déférée au juge si aucun tiers n'ayant été choisi, le maître se refusait à payer sous prétexte que l'exécution n'est pas conforme aux conventions.

L'approbation diffère suivant que l'ouvrage est entrepris en bloc, *per aversionem*, ou qu'il doit être fait au pied ou à la mesure, dans ce dernier cas, c'est le mesurage ou le cubage qui constitue l'approbation. Si l'ouvrage est fait par pièces, l'approbation peut s'appliquer à chaque pièce en particulier. J'ai donné, dit Javolenus (loi 51, par. 1., dig. *locati conducti*), un ouvrage à faire sous la condition de donner à l'ouvrier pour cet ouvrage une certaine somme par jour. L'ouvrage étant mal fait, ai-je contre lui l'action directe de louage ? Le jurisconsulte répond qu'on a cette action contre l'ouvrier, si son ouvrage est mal fait, à moins que ces paiements quotidiens ne se fassent aussi pour chaque portion de l'ouvrage dont chacune doit être du goût du maître et approuvée séparément, car l'ouvrier n'est pas censé s'être obligé de justifier de la bonté de l'ouvrage entier. Alfénus, dans la loi 30, par. 3, décide même que, dans un louage ainsi stipulé : Le maître devra sept sous d'or par pied à l'ouvrier, pour la pierre et la main-d'œuvre ; pour toute la partie de l'ouvrage qui sera en pierre, l'ouvrage devait être mesuré quoique imparfait.

L'ouvrage doit être fait dans le temps fixé par la convention, à moins que ce temps ne soit pas assez long pour permettre de faire l'ouvrage, dans ce cas l'obligation étant impossible est nulle. Labeon le dit expressément (loi 58, *hoc Tit.*), Pomponius, loi 14 et Venuleius (loi 137, par. 3, *de verborum obligatione*, liv. 45, Tit. 1), reproduisent le même principe et n'accordent d'action qu'autant que l'entrepreneur aura eu le temps nécessaire pour faire l'ouvrage. Si les parties n'ont fixé aucun temps, on doit en fixer un suffisant, de sorte que l'ouvrier ne puisse être tenu de fournir l'ouvrage avant d'avoir eu le temps de le faire, et qu'il puisse prendre un temps trop long. S'il a été convenu que si l'ouvrage n'était pas fait au temps convenu, il pourrait être donné à faire à un autre, le premier ouvrier ne pourra être poursuivi qu'autant que les conditions de ce dernier louage seront identiques à celles du premier, et dans tous les cas il ne pourra l'être avant le jour fixé pour la remise de l'ouvrage (loi 13, par. 10).

L'ouvrier doit faire un *opus perfectum*, sans quoi il s'exposerait à ce que le maître refusât son approbation.

Lorsqu'on a promis de faire un ouvrage à un lieu convenu, il doit être fait à ce lieu, l'ouvrier qui l'aurait fait ailleurs, ne serait pas libéré, car il serait censé n'avoir rien fait. Si les parties ont désigné un lieu où l'ouvrage doit être remis ou si l'indication de ce lieu ressort implicitement des termes du contrat, l'ouvrier ne sera libéré que lorsqu'il aura porté au lieu indiqué le travail effectué.

Dans certains cas, l'ouvrier est contraint de prendre des soins relatifs à la conservation de la chose; on aura contre un foulon, aux termes de la loi 13, par. 6, une action *ex locato* pour se faire rendre les habits à lui confiés, alors même que les rats les auraient rongés, ou qu'on les aurait soustraits ou changés à son insu.

Celui qui a entrepris un travail est-il obligé de le faire lui-même ou peut-il le faire faire par un autre? Marcellus (loi 48, *Princ.*, dig., *hoc Tit.*) accorde une action directe de louage à celui qui s'étant chargé de faire un ouvrage, l'a fait faire par un autre (cf., loi 38, § 1., *de verb. oblig.* 45. 1).

Cependant, on ne peut point confier l'ouvrage à un autre, s'il a été spécialement convenu que celui qui s'est engagé fera l'ouvrago lui-même ; la considération personnelle peut entrer pour beaucoup dans la commande, car grande est la différence entre l'habileté, l'expérience, le savoir faire, le renom des différents ouvriers (loi 31, dig., *de solutionibus*, 16. 3) ; et celui qui a commandé un tableau à Appelles ou à Parrhasius, à cause de leur talent, ne voudrait pas accepter l'œuvre d'un autre peintre.

Si un esclave a reçu l'ordre d'engager ses services, personne ne peut le libérer en travaillant en son nom (loi 39, par. 5 dig., *de statuliberis*, 10. 7).

Mais, bien qu'il fasse faire l'ouvrage par un autre, l'entrepreneur qui a contracté est responsable de la faute de celui à qui il a confié l'ouvrage, il en est tenu alors même qu'il aurait donné l'entreprise à un ouvrier moins habile ou moins diligent.

SECTION 2. — *Obligations du Maître.*

Les obligations qui résultent du contrat *de locatio operis* pour le maître, sont :

1º De recevoir l'ouvrage au temps et au lieu convenu et de ne pas s'opposer sans motif à l'approbation ou à la mesure.

2º De payer la *merces* convenue, en observant ce qui a été convenu entre les parties contractantes.

Si l'ouvrage a été entrepris *per aversionem*, la *merces* n'est due qu'après l'achèvement de l'ouvrage. Personne, en effet, ne peut demander l'accomplissement d'un contrat, avant d'avoir rempli lui-même l'obligation dont il était tenu, en vertu de ce contrat. Mais s'il s'agit d'un ouvrage au pied et à la mesure la *merces* doit être payée quand il a été mesuré ou quand il n'a dépendu que du maître qu'il le fût.

Le maître ne doit rien quand l'ouvrage n'a pas été fait comme il était convenu, lorsqu'il y en a une partie importante *(notabilis)* à changer ou à compléter, ou si tel qu'il est, il ne peut être d'aucune utilité pour le maître. L'ouvrier de son côté, peut, lorsque l'ouvrage est terminé, s'assurer par la retention de l'ouvrage jusqu'à ce que la *merces* promise lui ait été payée, une juste garantie.

Le maître, dans l'exécution de son obligation, n'est tenu d'aucune faute.

SECTION 3. — *De la perte de l'Ouvrage.*

Nous avons à examiner maintenant la question de savoir qui du maître et de l'ouvrier doit supporter la perte de l'ouvrage.

Il faut distinguer entre un *opus locatum per aversionem* et un ouvrage entrepris au pied et à la mesure.

Si l'o...rage a été entrepris en bloc, les risques sont à la charge du *conductor* jusqu'à l'approbation par le maître, toutes les fois qu'il a péri par la faute du *conductor* avant cette approbation, et alors même que la *merces* convenue pour l'ouvrage entier aurait été payée au fur et à mesure, à titre d'avances.

Mais si l'ouvrage a péri non par un vice propre, mais par un vice du sol ou de la matière, bien que l'ouvrage n'ait pas été approuvé, la perte devra être supportée par le *locator* (loi 36, *hoc tit.*). En effet, dit Ulpien, si on a donné à un orfèvre un diamant à enchâsser, et qu'il vienne à se briser, si la fracture vient d'un vice de la matière, le propriétaire n'aura pas l'action *locati* pour se faire indemniser du dommage éprouvé ; elle lui sera au contraire accordée si c'est par la faute de l'ouvrier que l'accident est arrivé. Cependant, si l'ouvrier avait entrepris l'ouvrage à ses périls et risques, le maître aura une action en indemnité alors même que la perte serait occasionnée par un vice de la matière.

Si l'ouvrage vient à périr par cas fortuit ou par force majeure, incendie, tremblement de terre (*concussione*), si l'ouvrage était assez avancé pour être soumis à l'approbation, la perte sera pour le maître, il en serait autrement s'il était à peine commencé.

Si l'ouvrage à faire a été loué au pied ou à la mesure, les risques sont à la charge du *locator* quand une partie a été mesurée, ou était en état de l'être et que c'est par sa faute qu'elle ne l'a pas été. Dans les autres cas, les risques sont tantôt à la charge du *locator*, tantôt à celle du *conductor*, suivant que la perte résulte d'un vice du sol ou de la matière, ou d'un vice de l'ouvrage.

Dans tous les cas où l'ouvrage n'est pas de ceux qui ont besoin d'être approuvés ou mesurés, les cas fortuits sont à la charge de l'ouvrier. Cela ressort clairement d'un texte de Javolenus dont les termes sont très-explicites : *Detrimentum ad locatorem ita pertinet si tale opus fuit ut probari deberet*. Donc dans tous ces cas, et ce seront les plus nombreux, les risques seront à la charge de l'ouvrier.

Au reste, dans tous les cas, lorsque l'ouvrage a été approuvé par le maître, la perte sera à sa charge, qu'il périsse par un vice propre ou par un vice imputable à l'ouvrier. Le maître n'aurait pas dû accorder à la légère son approbation, et sa trop grande facilité retombe sur lui, à moins qu'il ait été induit en erreur par le dol de l'ouvrier.

Si avant d'être approuvé, l'ouvrage vient à se perdre par force majeure, c'est celui qui l'a donné à faire qui doit souffrir de la perte, sauf convention spéciale contraire. En effet, celui qui s'est chargé de l'ouvrage ne doit pas être responsable vis-à-vis du propriétaire, d'événements que celui-ci à force de soin et de travail n'aurait pu empêcher d'arriver (loi 36, *hoc tit.*).

La loi 8 au code *de operibus publicis* déclare responsables pendant 15 ans, à partir de l'achèvement de l'ouvrage, ceux qui ont la charge des édifices publics ou qui ont reçu de l'argent pour en construire. Cette responsabilité s'étend même à leurs héritiers, mais la loi ne les rend responsables que des pertes résultant des vices du sol ou de construction; ils ne répondent pas des cas fortuits.

Il faut observer que si plusieurs ont entrepris le même ouvrage et s'il vient à périr par un vice propre, ils ne peuvent être poursuivis pour le tout, mais seulement chacun pour sa

part, à moins qu'ils ne se soient obligés chacun pour le tout;
en effet, bien que l'obligation de faire un ouvrage soit indivisible en ce sens que chacun ne remplit pas son obligation vis-à-
vis du *locator* en fournissant seulement sa part de l'ouvrage, car
l'ouvrage ne peut être divisé en parties, cependant, comme l'action aboutit à des dommages et intérêts et que ces dommages
obtenus pour le non-accomplissement d'une obligation indivisible sont divisibles, l'action pourra être divisée.

Nous avons vu que l'ouvrier est responsable de son imprudence ou de son manque de soins. Suffira-t-il donc pour n'être
pas en faute qu'il donne à la chose remise entre ses mains les
soins qu'il a l'habitude de donner à ses propres choses ?

Non, la faute est appréciée ici *in abstracto*. Il doit à la chose les
soins que lui donnerait un bon père de famille. *Culpa abest*, dit
la loi 25, *hoc tit.*, *si omnia facta sint quæ diligentissimus quisque
observaturus fuerit*. Nous avons déjà eu occasion de dire que la
maladresse est assimilée à la faute. Il résulte des explications
qui précèdent, que l'ouvrier coupable seulement de maladresse
ou d'inexpérience doit être déclaré responsable de la perte sur-
venue par suite de sa maladresse ou de son inexpérience.

Il est à plus forte raison presqu'inutile de dire que l'ouvrier
est responsable de son dol ou de sa faute lourde, c'est-à-dire de
celle qu'un homme ne commet pas s'il n'est pas dépourvu d'intelligence. C'est une règle de justice et de raison qui a été ac-
ceptée par tous les jurisconsultes romains, qu'on doit réparer le
tort fait sciemment et à dessein. Et ce n'est pas à propos d'un
contrat où la responsabilité est si grande, qu'on se serait écarté
des principes généraux.

§ V. — DES DEVIS ET MARCHÉS ET TRANSPORTS.

Un cas important de louage est celui de l'entreprise d'un ouvrage par suite de devis et marchés, par exemple pour la
construction d'une *insula*, d'un *rivus*, d'un *navis*, le transport des

voyageurs ou des marchandises. Souvent, dit M. Humbert dans l'étude plus haut mentionnée, des publicains, de riches affranchis ou des associés représentés par un *manceps* (adjudicataire), se portaient entrepreneurs de constructions suivant le devis tracé et aux conditions du cahier des charges (*lex locationis*, en donnant des cautions, *præda*, avec sûretés réelles). Parfois cet adjudicataire cédait plusieurs parties de l'entreprise à des sous-traitants ou adjudicataires partiels, mais sans cesser d'être lié personnellement avec le bailleur.

Il semblerait naturel, dit un savant romaniste allemand, M. Mainz, d'appeler *locator operarum* l'entrepreneur qui fournit ces travaux et *conductor operarum* celui qui les fait exécuter et les paie, et Paul, dans la loi 22 à notre titre, lui fournit un argument ; *locat artifex operam suam*, dit le jurisconsulte, bien qu'il s'agisse d'une maison à construire. Cependant ces dénominations ne sont point usitées chez les Romains qui, se plaçant au point de vue de l'entreprise considérée dans son ensemble, donnent au maître la qualification de *locator operis*, parce qu'il met l'ouvrage à la disposition de l'autre contractant et lui abandonne l'entreprise, tandis qu'ils appliquent à ce dernier la qualification de *conductor* ou de *redemptor operis*, parce qu'ils le considèrent comme preneur de l'entreprise, et dans un grand nombre de lois, par exemple les lois 36, 37, 51 par. 1, 11 par. 6, Florentinus, Javolenus et Ulpien assignent à ces entreprises le caractère de *locatio operis* et accordent au maître l'action *locati*.

Il en est de même, avons nous dit, du transport des marchandises ou des voyageurs, et cependant une entreprise pareille, composée de plusieurs entreprises successives, pourrait au moins être regardée comme une *locatio operarum*. Cela n'était pas néanmoins. Ce contrat intervenait très-fréquemment à Rome. La loi 13, *princ.* à notre titre, nous parle de *cisiarii* ou *carrucarii*, mode de transport que nous ne serions pas éloignés d'assimiler à nos fiacres modernes et dont il est question à propos des accidents qu'ils peuvent causer en voulant dépasser leurs rivaux. Le voyageur versé aura contre le cocher téméraire l'action *ex locato*. Le transport des marchandises s'opérait sur une grande échelle ; la loi 13, par. 1, nous permet de supposer qu'un grand commerce se faisait entre Rome et Minturnes. La loi 31 parle d'une confusion de froment arrivée sur un navire, et règle le différend entre les propriétaires, la loi 61, par. 1, nous apprend qu'on expédiait de Cyrénaïque à Aquilée une grande quantité d'huiles, et les lois 15, 19, etc. traitent aussi des cas particuliers à cette matière.

De plus, il y a au digeste le titre 9 du livre 4, qui sous la rubrique, *nautœ caupones stabularii ut recepta restituant*, nous donne quelques détails sur les armateurs romains et leurs obligations, détails avec lesquels en nous aidant un peu des historiens il nous sera facile de traiter la matière du contrat de transport en droit romain.

Il y avait à Rome des armateurs et des marins qui, sous le nom de *naviculaires*, étaient chargés, surtout dans les derniers temps de l'empire, de transporter les denrées et les bestiaux des ports maritimes à Ostie, des bateliers appelés *caudicaires* qui les amenaient d'Ostie à Rome, et enfin des ouvriers du port, mesureurs, déchargeurs, chargeurs et porteurs.

Dans le principe, ce furent des particuliers qui amenèrent le blé des provinces. Claude leur donna des primes, encouragea par des priviléges la construction des navires ; plus tard, on forma le collége des *naviculaires*. Ces *naviculaires* prélevaient un vingt-cinquième de la quantité qu'ils avaient à bord et en outre un sou d'or par mille boisseaux (code Théodosien).

Ce sont les obligations et les droits de ces entrepreneurs spéciaux que nous allons étudier dans le titre qui leur est consacré.

Le *nauta*, dit le par. 2 de la loi 1 de ce titre, est celui qui *navem exercet*. Au point de vue juridique, le *nauta* n'est que l'armateur, le maître ; les autres, hommes d'équipage, peuvent cependant l'obliger par leurs délits ou lorsqu'ils sont préposés par lui, le rendre responsable des objets qui lui sont confiés (loi 1, par. 3 et loi 4), mais au terme de la loi 7, sa responsabilité n'est engagée qu'autant que le fait commis par ses préposés l'a été sur le navire ou à l'occasion des choses à transporter, et si c'est un esclave qui a causé le dommage, il lui est permis de se libérer par abandon noxal.

Le *nauta* (loi 1, par. 8), est responsable des choses déposées dans son navire qu'elles aient été inscrites ou non ; par le seul fait qu'elles y ont été déposées elles sont confiées à sa garde, et il est encore responsable, dit Pomponius (loi 3, *præmium*), des choses qui ont péri sur le rivage lorsqu'il les a une fois reçues, mais Labeon pense cependant que l'on devra lui accorder une exception si les choses à transporter ont été enlevées par les pirates ou ont péri par force majeure.

Aux termes de la loi 5, ce n'est pas pour cette garde dont ils sont tenus, mais pour le transport qu'ils sont payés.

Telles sont les principales dispositions relatives aux entrepreneurs de transports, que nous trouvons dans le titre 9 du livre 4. Il n'est pas étonnant, le digeste leur ayant consacré un titre entier, que nous ne trouvions qu'éparses dans la compilation justinienne, un grand nombre de lois relatives à des transports, et comme ces lois se trouvent en majeure partie au titre dont nous nous occupons, que plus tard, dans le droit français, nous verrons les rédacteurs du Code classer au nombre des louages d'ouvrage les entreprises de transport, nous avons pensé qu'un petit examen des plus remarquables de ces lois ne serait pas une digression, mais plutôt un complément de notre étude.

Scœvola, dans la loi 61, par. 1, à notre titre, *locati conducti*, livre 19, titre 2, nous apprend que si le transport a été empêché par celui dans l'intérêt duquel il devait être fait, le propriétaire du navire pourra exiger le prix sans avoir fait le transport. On avait frété un navire, dit le jurisconsulte, pour transporter de Cyrénaïque à Aquilée 3,000 mesures d'huile et 800 mesures de blé, mais le navire une fois chargé fut retenu neuf mois dans cette province et au bout de ce temps les marchandises ayant été confisquées, le maître du navire fut déchargé de son obligation de transport. On se demandait s'il pouvait exiger le prix bien que le transport n'eût pas été effectué ? Scœvola répondit que malgré cela l'expéditeur devait payer le nolis.

Mais en revanche si le propriétaire du navire n'a pu rendre la marchandise à destination parce qu'elle a péri par sa faute, si, par exemple, il n'a pas mis de pilote, il ne pourra exiger le prix et on pourra même lui demander des dommages (loi 13, par. 2). Il ne sera pas moins déchargé de son obligation parce qu'il aura confié la marchandise à un autre dont le bateau pouvait remonter le Tibre, tandis que le sien ne le pouvait (loi 13, par. 1). Labéon cependant est sur ce point en contradiction avec Ulpien.

On transportait aussi beaucoup de colonnes sculptées, d'objets d'art, d'instruments agricoles, de tonneaux, de bois de charpente. La loi 25, par. 7, est relative au bris de ces objets en général fragiles. La perte, dans ce cas, est à la charge du *conductor operis*, de l'entrepreneur du transport, si l'accident a eu lieu par sa faute ou celle de ses subordonnés, mais il n'est pas en faute, dit Gaius, s'il a fait ce que *diligentissimus quisque observaturus fuisset*.

Le prix est-il dû pour un esclave qu'on fait porter lorsque cet esclave vient à mourir pendant le transport ? Labéon décide que non dans la loi 10, au titre 2 du livre 14 *de lege Rhodia*, et Ulpien donne dans la loi 19, par. 7, à notre titre, une solution dans une espèce assez originale : Une femme était sur un navire, au nombre des passagers, elle accoucha pendant la route; doit-elle le prix du passage pour son nouveau-né ? Non, répond le jurisconsulte, car il n'y a pas de grands frais, l'enfant ne consommant qu'une minime partie de ce qui sert aux autres passagers.

La loi 9, par. 1, et la loi 15, par. 6, émettent deux dispositions que nous devons signaler. Le *nauta* meurt en route ou est frappé par un cas de force majeure, dit la première de ces lois, le prix ne sera dû qu'en raison de l'utilité que le chargeur retirera du transport. Mais s'il n'y a aucune utilité pour le chargeur, décide la seconde, il n'y aura lieu à aucun prix et on pourra même répéter celui qui aurait été payé d'avance.

Comme on peut le voir par ce qui précède, cette industrie des transports si utile aux Romains, n'a pas laissé dans le recueil de leurs lois des traces en rapport avec son importance. C'est que les principes qui régissaient la convention n'étaient pas, sauf ce qui concerne la garde des effets à transporter, différents de ceux du louage d'ouvrage, c'est peut-être aussi parce que, dès les premiers temps de l'empire, l'Etat se chargea lui-même des approvisionnements de Rome et que, dès lors, il put bien y avoir des réglements, et le Code Théodosien en contient un très-grand nombre, la plupart très-sévères à l'égard des *nautæ*, mais, par le fait même, il ne put naître que très-peu de difficultés sur lesquelles les jurisconsultes eussent à donner leur avis.

§ 6. — SANCTION DU CONTRAT DE LOUAGE.

Le contrat de louage, avons nous dit plus haut, fait naître des obligations réciproques et donne lieu au profit de chacune des parties contractantes à une action directe. La différence des intérêts en jeu et des résultats à obtenir a causé cette double action.

Dans la procédure primitive des actions de la loi, ce contrat donnait lieu à *l'actio sacramenti*, puis successivement à la *judicis postulatio* et à la *condictio de omni certa re*. Plus tard, lorsque le préteur pérégrin eut inventé l'action *in factum*, les procès nés de louages entre Pérégrins et Romains ou entre Pérégrins durent se juger à Rome dans cette forme. À l'époque classique, le louage d'ouvrage figura parmi les contrats de bonne foi (Inst. de Just., liv. 3, tit. 24, par. 4. Gaïus, comm. IV, par. 137) et l'action qui en résultait était de bonne foi (Inst., liv. 3, tit. VI, par. 28), personnelle, *rei persecutoria* (par. 17), *in simplum* (par. 20).

L'action donnée au *locator* s'appelait action *locati* ou *ex locato*, l'action donnée au *conductor* avait été nommée *actio conducti* ou *ex conducto*.

C'est ici le moment d'expliquer une différence de termina-logie que nous avons déjà signalée, et de montrer pourquoi dans la *locatio operis* et la *locatio operarum*, le maître et l'ouvrier prenaient alternativement le nom de *locator* et de *conductor operis* et *operarum*.

On a discuté longtemps et probablement tant qu'il y aura des jurisconsultes on discutera sans peut-être arriver jamais à la solution, la question de savoir quel motif avait dû poussser les maîtres dans la doctrine du Droit Romain à donner un nom différent à des choses en apparence si semblables.

Cujas, Pothier et les autres commentateurs du moyen-âge ont émis leurs idées sur cette question ; des romanistes mo-dernes très-remarquables ont aussi donné leur manière de voir, nous allons résumer aussi brièvement que possible la contro-verse.

En partant de cette idée que le travail est un capital productif on doit appeler *locateur* l'ouvrier qui le fournit à autrui, *locat artifex operam suam* dit Paul, et en reçoit le prix, et *preneur* ou *conducteur* celui qui paie la jouissance de ce travail.

Pothier pense que chacune des parties est à la foi *locator* et *conductor*, mais cependant les deux actions ne lui compètent pas en vertu de cette double qualité ; celui qui *principaliter lo-cator est* a l'action *locati* celui qui est plutôt *conductor* que *locator* a l'action *conducti;* mais ici commence la difficulté, dans la déter-mination des limites après lesquelles on est plutôt *locator* que *conductor* plutôt *conductor* que *locator*. *Qui inchoat contractum loca-tor esse videtur* dit Pothier, *conductor autem qui subsequitur et conditionem sibi oblatam accipit et ratam habet.*

Pothier appuyait fortement sa théorie sur l'opinion de Cujas. Si les termes employés par les deux jurisconsultes sont diffé-rents les idées sont les mêmes. *Si me rogas et ultro mihi tuam operam defers* dit Cujas ; celui qui aura sollicité l'autre et pris l'initiative du contrat sera *locateur*, et si l'on ignore à qui appar-tient l'idée originaire, *quemadmodum resinita fuerit*, celui qui voudra faire exécuter la convention par l'autre devra avoir recours à l'action *præscriptis verbis*.

Cette théorie paraît de prime abord extrêmement plausible ; nous ne croyons pas cependant qu'elle soit vraie ; les Romains étaient trop attachés aux principes, ils avaient trop de netteté dans leur doctrine pour que dans deux cas absolument identiques, l'action accordée aux parties fût différente suivant que l'une ou l'autre des parties avait parlé la première. Pour eux comme pour nous les droits et les obligations du maître, non plus que celles de l'ouvrier ne changeaient, parce que le maître avait été le premier à demander qu'on lui rendît des services, ou que l'ouvrier avait été le premier à les offrir.

Demangeat admet que dans la *locatio operis* l'entrepreneur qui touche la *merces* est appelé *conductor operis* parce que comme le locataire d'un appartement, d'un cheval, il est en contact avec la chose, *est in possessione rei*, *est conductor operis*, quoiqu'il soit à un autre *locator operarum*.

Nos savants maîtres messieurs Humbert et Deloume ont développé, l'un dans ce remarquable travail sur la condition des ouvriers libres dont nous avons plusieurs fois déjà reproduit des extraits, l'autre à son cours oral, leur théorie particulière que nous allons reproduire.

Cette bizarre interversion de dénominations juridiques, dit M. Humbert, peut s'expliquer suivant nous par l'usage ancien de donner aux enchères publiques la plupart des entreprises d'ouvrages. Il semblait que l'adjudicataire *(manceps)* achetait l'opération parce qu'il faisait le plus fort rabais sur le prix proposé. Nous avouons pour notre part ne pas comprendre parfaitement cette explication, et nous croyons du reste que dans ses cours oraux, M. Humbert a adopté l'opinion de M. Demangeat.

D'après M. Deloume, le *conductor* en matière de louage est celui au point de vue duquel il y a une *alea*, le *locator* celui qui n'a aucun risque à courir. Dans la *locatio operarum* le bénéfice aléatoire est du côté de l'ouvrier à qui, nous l'avons vu, on doit payer le prix entier, alors même qu'il n'aurait pas fourni ses services pendant le temps convenu. Aussi dans ce cas est-ce à l'ouvrier que compète l'*actio locati* puisque c'est lui qui est *locator*. Dans la *locatio operis* toutes les chances favorables étant du côté du maître, c'est lui qui est *locator*, tandis que l'ouvrier qui court les risques de l'entreprise est *conductor*.

Cette explication nous paraît extrêmement plausible, et c'est celle que nous sommes le plus porté à adopter entre celles que nous avons successivement rapportées.

Au reste quoi qu'il en soit, quelle que soit l'opinion que l'on adopte, le résultat de l'action a toujours pour effet l'accomplissement, au profit du demandeur, des obligations contractées par l'autre partie, et que nous avons plus haut développées; et si cet accomplissement ne pouvait être obtenu, le demandeur qui triompherait aurait droit à une indemnité. A Rome, on le sait, toutes les condamnations étaient pécuniaires et alors même qu'il n'en aurait pas été ainsi, la maxime *nemo potest cogi ad factum* viendrait protester en faveur de celui qui s'est obligé. D'où cela vient-il? de ce que le louage d'ouvrage engage dans une certaine mesure la personnalité, le travail et l'intelligence. La liberté serait anéantie si l'homme pouvait être poursuivi dans ce domaine inviolable, s'il pouvait être contraint dans ce qu'il a de plus personnel, de plus indépendant, de plus intime.

§ VII. — COMMENT FINIT LE CONTRAT DE LOUAGE D'OUVRAGE

Le contrat de louage d'ouvrage prend fin de plusieurs manières :

1° Par le mutuel consentement. Le consentement des parties a suffi pour le former, il suffira aussi pour le résoudre. Le contrat peut être résolu alors même que l'ouvrage aurait été commencé, mais le maître doit en ce cas payer à l'ouvrier ce qu'il a déjà fait, sauf convention contraire. Si l'ouvrage n'a pas été commencé il va sans dire que la résolution du contrat ne peut donner naissance à aucune action en dommages et intérêts, sauf bien entendu convention contraire.

Le maître qui ne veut pas faire continuer l'ouvrage commencé, peut-il résoudre le marché ? Oui, en avertissant le *conducteur* et en l'indemnisant. Cette indemnité consiste dans le prix de ce qui a été fait et dans des dommages-intérêts si l'entrepreneur a souffert de l'inexécution du marché. Le maître qui résout ainsi le contrat, peut-il, s'il a payé le prix, le répéter, déduction faite de l'indemnité dont nous venons de parler. La loi 1, § 2, de *conditione sine causa* lui donne droit à cette répétition.

Le conducteur au contraire ne peut, lorsqu'il a entrepris un travail, se dispenser de l'exécuter, sans quoi le maître peut se faire permettre par le juge de faire faire l'ouvrage aux risques et périls et aux frais du *conducteur*.

Le louage s'éteint par l'écoulement du temps fixé dans la *locatio operarum*. L'ouvrier s'était engagé à fournir ses services pendant un temps déterminé; ce temps étant écoulé l'obligation est éteinte.

La *perfectio operis* est aussi une des causes qui mettent fin au contrat; il ne peut plus exister d'obligation pour celui qui a terminé l'ouvrage qu'il s'était engagé à faire. Si on a donné un ouvrage à faire à quelqu'un sous la condition que s'il n'était pas fait dans un temps fixé on pourrait le donner à un autre, l'action du contrat ne peut être donnée contre celui qui s'est chargé le premier de faire l'ouvrage qu'autant qu'on le donnera à faire à un autre sous la même condition, et on ne pourra le donner à un second si le temps fixé au premier pour le faire n'est pas entièrement écoulé (loi 13, § 10, *hoc tit*).

La considération de la personne de l'ouvrier ayant pu entrer pour beaucoup dans l'engagement contracté avec lui, la mort de l'ouvrier est une cause de résolution du contrat; l'obligation de l'ouvrier était l'obligation d'un fait personnel à cet ouvrier, elle cesse par sa mort puisque ce qui en faisait l'objet a par cela même cessé d'être possible. Mais s'il avait été mis en demeure

de faire l'ouvrage il n'est pas douteux que l'action en dommages
et intérêts née contre lui ne soit transmise contre ses héritiers
bien que l'obligation primitive ne soit pas transmissible.

Lorsque le travail demandé ne l'a pas été *intuitu personœ*, lorsque par exemple c'est un de ces travaux qu'on peut faire faire
par un autre, la mort de l'ouvrier ne résout pas le contrat, mais
elle fait naître en la personne de ses héritiers une obligation de
faire l'ouvrage comme il s'était obligé à le faire lui-même, et
cette obligation est indivisible sauf le recours d'héritier à héritier.

La mort du maître ne résout pas le contrat de louage d'ouvrage ; ses héritiers succèdent aux droits et aux actions qui
résultaient pour lui de ce contrat.

§ VIII. — ANALOGIE DU CONTRAT DE LOUAGE D'OUVRAGE AVEC D'AUTRES CONTRATS.

Le contrat de louage d'ouvrage n'est pas un contrat parfaitement défini. Aucune obligation n'est plus vague, plus susceptible d'affecter des formes diverses ou des modalités différentes
que l'obligation d'accomplir un fait. Aussi arrive-t-il souvent
que quand cette obligation est contractée par une personne envers une autre, on ne sait de quelle action se servira le créan-
cier pour faire respecter son droit.

Gaius et après lui Justinien nous disent en termes exprès :
*Locatio et conductio proxima et emptioni et venditioni, iisdemque
regulis juris consistit.* Une étude plus approfondie de la matière
nous a appris que le louage ressemblait en bien des points au
mandat, au dépôt, et que le plus souvent même là ou on croyait
se trouver en présence d'un contrat de louage bien établi, il
n'y avait qu'un contrat innomé donnant naissance à l'action
præscriptis verbis.

Notre étude serait incomplète si nous n'analysions certaines
hypothèses prévues par les jurisconsultes, et si des solutions

données dans les divers cas, nous ne déduisions pas des règles qui nous permettent de reconnaître à première vue le contrat dont nous nous occupons, et si nous n'établissions pas nettement ce qui le différencie des contrats avec lesquels il est le plus facile à confondre.

Le louage d'ouvrage ressemble au mandat. Une grande controverse s'est élevée entre les jurisconsultes sur la question de savoir si les professions libérales, c'est-à-dire celles où l'esprit joue le plus grand rôle pouvaient faire l'objet d'un louage. Nous devons étudier en détail dans un *appendice* cette question intéressante, nous n'avons donc pas besoin de nous en occuper ici.

Le louage avons nous dit ressemble à la vente et leurs règles sont les mêmes ; certainement une pareille thèse s'applique bien plutôt au louage des choses, qu'au louage d'ouvrage, car dans les idées économiques des jurisconsultes Romains le travail n'était pas aussi entièrement considéré comme un capital que par les économistes modernes ; on vendait, on louait un esclave, mais c'était parce qu'il n'était considéré que comme une chose, et le mercenaire, à l'origine du moins, était bien plutôt un auxiliaire récompensé qu'un industriel qui échange ou pour mieux dire vend sa marchandise, son travail.

Nous trouvons cependant dans Gaius (Com. III, § 147 et lib. II *rerum quotidianarum*, aux Institutes (liv. 3 *tit.* 24, § 4) et au digeste (loi 2, § 1 *hoc tit.*) l'espèce suivante.

Titius a traité avec un orfèvre pour qu'il lui fît avec son or des anneaux d'une forme et d'un poids déterminé, lui promettans dix sous d'or pour son travail ; le jurisconsulte et après lui l'empereur se demandent si une pareille convention est une vente de la matière avec louage de la main d'œuvre, ou simplement une vente, et ils résolvent cette question par une distinction empruntée au sabinien Cassius. Si la matière première, l'or, dans notre hypothèse, appartient à l'orfèvre, il y a vente évidemment. Si elle appartient à Titius, si la *merces* n'a été promise que pour indemniser l'ouvrier de son travail, il y a louage. Cette décision en tout point conforme aux principes généraux, était aussi celle de Sabinus, de Pomponius (loi 20) et de Javolenus (loi 65 *empti venditi*).

La loi 2 *princ. dig.* prévoit l'hypothèse suivante :

J'ai donné mes habits à un foulon pour en prendre soin, où à un tailleur pour les coudre, nous n'avons pas fixé la *merces*, bien que je sois disposé à lui payer ce qui plus tard sera convenu entre nous. Cet homme est-il tenu envers-moi par un contrat de louage ? Non, le prix essentiel au contrat de louage a fait défaut à l'origine, le contrat n'a pu se former, nous sommes donc en présence d'un contrat innomé où l'on donnera à l'ouvrier une action *præscriptis verbis*, utile *in factum*, parce qu'un fait utile à une des parties a été accompli.

DROIT FRANÇAIS

CHAPITRE I

Notions Générales

Le droit canonique et plus tard le droit coutumier n'apportèrent pas au contrat de louage, tel qu'il existait dans le droit romain, de sensibles modifications. Nous trouverons au fur et à mesure que nous étudierons les trois espèces de louages prévues par le Code Civil, les règlements et les ordonnances édictées, les arrêts de parlements rendus pendant la période coutumière. Nous avons préféré adopter cette marche que de faire une étude spéciale du louage en droit coutumier, parce qu'elle nous a paru mettre davantage en relief les modifications successives et les rares différences qui peuvent se présenter. De plus, nous pourrons combler, au moyen des principes admis par notre ancien droit, les lacunes qui se rencontrent dans le Code.

Comme le droit romain, notre ancienne jurisprudence et le Code civil distinguent deux sortes de louages :

Le louage des choses ;

Le louage d'ouvrage.

Identiques par le genre, ces deux contrats sont régis cependant par des règles spéciales, et le législateur a consacré au second, le seul dont nous nous occupions, outre l'art. 1708 qui établit la distinction ci-dessus, et l'art. 1710 qui donne la définition du contrat, trois sections au chapitre III du titre VIII ou livre III.

Mais bien qu'il consacre à ce contrat 23 articles, (1708, 1710 et de 1779 à 1799 inclusivement), on ne peut pas dire que le Code contienne vraiment la théorie du contrat de louage d'ouvrage ; le législateur, dans ses dispositions relatives à ce contrat, semble avoir adopté la manière de procéder du digeste. Ces articles sont des affirmations claires et précises sur les points principaux ou controversables de la matière, mais sans liaison aucune, et avec des omissions et des lacunes que l'on est obligé de combler soit par analogie, soit par l'application des principes généraux.

Nous adopterons cependant l'ordre suivi par le Code, en tâchant de suppléer à l'aide de la théorie romaine, à l'aide de l'ancienne jurisprudence dont les législateurs modernes ne se sont guère écartés, à ce que peuvent offrir d'incomplet les quelques articles que nous allons passer en revue. Nous étudierons d'abord la définition et les caractères essentiels du contrat de louage d'ouvrage, et nous appliquerons les règles établies aux trois catégories de personnes dont il est question dans notre Code civil à l'occasion de ce contrat et qui sont énumérées dans l'article 1779.

1° *Les domestiques et gens de travail ;*

2° *Les voituriers et entrepreneurs de transports ;*

3° *Les entrepreneurs d'ouvrage par suite de devis ou marchés.*

Le louage d'ouvrage est défini, par l'art. 1710, un contrat par lequel l'une des parties s'engage à faire quelque chose pour l'autre, moyennant un prix convenu entre elles.

Nous avons vu, qu'en droit romain, une grande controverse s'était élevée au sujet du nom à donner aux parties contrac-

tantes et même que ces noms changeaient suivant qu'il s'agissait d'une *locatio operis* ou d'une *locatio operarum*. Il ne saurait en être de même dans notre droit français; l'historique de
la rédaction de notre article 1710 ne laisse à cet égard aux commentateurs aucune latitude.

Le conseil d'Etat avait défini le louage d'ouvrage : un contrat
par lequel une des parties donne quelque chose à faire à l'autre;
ici le maître qui donnait *aliquid faciendum* était *locateur*, l'ouvrier était *conducteur*. Le tribunat modifia cette rédaction : Au
lieu de *donne quelque chose à faire*, on mit dans la loi, *s'engage à
faire quelque chose pour l'autre*; l'obligation dominante fut celle
de faire; l'ouvrier devint *locateur;* le maître, qui n'était tenu que
de l'obligation accessoire de payer le prix, fut *conducteur*. « Les
« soins, les services, le travail et l'industrie, disait le rappor-
« teur du tribunat, forment la matière du louage d'ouvrage,
« voilà ce qu'on y donne à loyer, ce qu'on paie. C'est donc le
« gardien, le serviteur, l'artisan, l'ouvrier ou l'entrepreneur qui
« est véritablement le *locateur;* celui qui les paye est le véritable
« locataire ou *conducteur*; » et c'est mal à propos que dans les
ouvrages des jusrisconsultes ces qualités ont été interverties.

Ainsi donc il ne peut y avoir de difficulté sur ce point; celui
qui fournit son travail se nomme entrepreneur, ouvrier, domestique, et génériquement *locateur*. Celui qui reçoit et paie ce travail s'appelle maître, propriétaire, et génériquement locataire ou
conducteur.

Sur ce point le Code Bavarois a adopté la même terminologie
que notre Code civil. Celui qui reçoit le prix s'appelle locateur
et celui qui le paie s'appelle locataire.

Les caractères du contrat de louage, tel qu'il est réglé par
notre Code, ne diffèrent guère des caractères que ce contrat
avait en droit romain, et que nous avons indiqué dans la première partie de cette étude.

Comme en droit romain, le contrat est nommé : de droit des
gens, consensuel, synallagmatique et commutatif; comme en
droit romain, il a pour éléments essentiels et constitutifs un

travail à effectuer, un prix, et le consentement des parties sur le travail et sur le prix.

L'objet du contrat est un travail à effectuer. Nous étudierons plus tard la question de savoir si l'exercice rémunéré des professions libérales est un louage ou un mandat ; aussi nous contenterons-nous pour le moment de dire qu'il faut que l'ouvrage soit possible, qu'il ne soit pas contraire aux lois et aux bonnes mœurs et nous répéterons après M. Troplong : « Il y a d'infâmes « commerces qui vivent dans la corruption des grandes villes. « La prostitution et le proxénétiome trouvent là leur aliment « immonde, et les lois, pour empêcher de plus grands maux, « les tolèrent sans les approuver, mais il est inutile de dire que « la justice ne saurait donner sa sanction aux marchés qui in- « terviennent avec les êtres voués à ces professions honteu- « ses. »

Le second élément du contrat est le prix.

Ce prix est si essentiel que son défaut ferait, comme en droit romain, du louage un mandat ; mais s'il est fixé par l'usage, par des tarifs, des règlements admisnitratifs ou de police, il existe sans avoir besoin d'être stipulé, et quand les parties ne l'ont pas fixé elles sont censé être convenu du prix qui sera fixé par des experts.

Il n'est pas nécessaire que ce prix consiste en argent comptant. Un contrat dans lequel on échangerait des services contre des denrées ou autres choses équivalentes n'en serait pas moins un louage.

Le prix doit être sérieux, en rapport avec le travail a effectuer, mais le contrat n'est pas rescindable pour cause de lésion. Cette cause de rescision est une exception, elle ne doit être entendue que restrictivement, et la loi ne fait pas sur ce point sortir des règles du droit commun le contrat dont nous nous occupons. Ce contrat ne pourrait être annulé par ce motif que le salaire convenu ne serait pas la juste rémunération du travail (Cass. 20 décembre 1852, 12 déc. 1853).

Le troisième élément du contrat est le consentement des parties sur le travail à effectuer et sur le prix à payer ; pas plus ici qu'en droit romain nous ne ferons la théorie si connue du consentement et de ses vices.

Le contrat de louage d'ouvrage, étant synallagmatique, donne naissance à des obligations réciproques de la part des parties contractantes. L'ouvrier doit faire l'ouvrage, le bien faire, le faire au lieu indiqué, apporter à la conservation de l'ouvrage ou des matériaux qui lui sont fournis les soins d'un bon père de famille. Le maître est tenu de payer le prix.

Le contrat de louage d'ouvrage peut être révoqué par le mu_tuel consentement des parties contractantes. C'est un de ces contrats qui produisent des effets successifs. La révocation anéantit le contrat pour l'avenir, mais laisse entiers les droits antérieurs.

Le louage d'ouvrage étant un contrat nommé, c'est-à-dire un contrat pour lequel le Code contient des dispositions spéciales, est soumis aux règles des contrats en général, et aux règles spéciales données par le législateur.

Comme on peut le voir, ces principes sont absolument les mêmes que ceux développés à propos de la *locatio conductu* du droit romain. Il est donc inutile de nous appesantir davantage sur ce sujet et de répéter ce qui a été déjà l'objet de longs développements.

Après ces notions préliminaires, que nous avons jugées indispensables comme base de notre étude, nous allons entrer dans le fond même du sujet, et étudier successivement en détail les trois cas de louage d'ouvrage énumérés dans l'article 1779.

Le louage des gens de travail, qui s'engagent au service de quelqu'un;

Celui des voituriers, tant par terre que par eau, qui se chargent du transport des personnes ou des marchandises;

Celui des entrepreneurs d'ouvrage par suite de devis ou marchés.

Comme nous l'avons déjà indiqué, nous renvoyons à un appendice l'étude de la question de savoir si l'exercice rémunéré des professions libérales est un louage, un mandat salarié, ou un contrat *sui generis*.

Nous ne nous occuperons pas du contrat de remplacement militaire, que l'on s'accorde à regarder comme une variété de louage de services, malgré les grandes différences qui le distinguent du louage de services dont il est question dans les articles 1779 et suivants. La loi du 27 juillet 1872, en établissant le service obligatoire et personnel a mis fin à ce louage qui, si nous nous en rapportons aux nombreux arrêts rendus sur la matière et contenus dans les recueils, donnait lieu à des procès infiniment nombreux entre les remplacés et les remplaçants ou les compagnies de remplacement.

CHAPITRE II

La rubrique de la section première divise les gens de travail qui s'engagent au service d'autrui en deux grandes classes : les domestiques et les ouvriers. Cette distinction est encore rappelée dans les articles 2271 et 2272.

Le mot domestique a été dans notre langue détourné de son sens primitif, et la chose elle-même a subi bien des modifications depuis l'esclavage jusqu'au jour où la Convention écrivait dans l'art. 18 de la déclaration des droits de l'homme : La loi ne reconnaît pas de domestiques, il ne peut exister qu'un engagement de soins et de reconnaissance entre l'homme qui travaille et celui qui l'emploie.

Autrefois le mot domestique n'avait rien d'humiliant, *domesticus*, qui fait partie de la *domus*, de la famille. Des personnes de distinction, attachées au services des empereurs romains, prenaient le nom de *domestici*, de même que chez les Francs l'*antrustion* était celui qui vivait *in truste dominicâ*; sous les rois de la première race, le titre de domestique était aussi envié que celui de comte, bien que ces deux titres si nous nous en rapportons à l'étymologie aient dû avoir beaucoup de ressemblances. Le *domesticus* ou familier devait bien ressembler au *comes*, comte. Au moyen-âge, les écuyers et les pages, bien que gens de noblesse, étaient des domestiques, et jusqu'à la révolution de 1789, ceux qui possédaient des charges et des emplois dans la Maison du roi furent, quelque fût le rang de leur naissance, appelés domestiques de la Maison du roi.

Mais déjà le mot domestique avait dégénéré peu à peu de son acception première. Appliqué d'abord à ceux qui remplissaient des offices libéraux dans la maison du maître, tels que les bibliothécaires, aumôniers, précepteurs, il finit par être donné aux personnnes qui se louaient pour rendre les services les plus humbles. Nous trouvons même dans l'ancienne législation des règlements qui ne sauraient s'appliquer aux personnes de distinction dont nous parlions tout à l'heure.

François I⁰ʳ, dans l'art. 38 de l'ordonnance de décembre 1540, défend à tout particulier de prendre à son service des gens inconnus ou mal famés, à peine de répondre civilement des délits qu'ils pourraient commettre durant leur service.

Le règlement de Charles IX, du 7 février 1567, pour la police générale du royaume, renouvelé par la déclaration du 28 juillet 1572, enregistrée au parlement de Paris, le 12 août suivant, et par celle du 21 novembre 1577, enregistrée en la même Cour le 2 décembre de la même année, défendit aux serviteurs libres de quitter leurs maîtres sans arguer d'une cause légitime et sans avoir obtenu de congé, à peine d'une amende de 20 livres parisis pour le fisc, sans préjudice de dommages et intérêts pour le maître. Ils ne pouvaient non plus, aux termes de ce règlement, se marier sans consentement préalable, sous peine de perdre l'arriéré de leurs gages (art. 3), et il fut fait défense à toute personne de recevoir un domestique d'une autre maison, sans s'être enquise s'il avait son congé, ni de suborner serviteurs ou valets en service, pour les engager à quitter leur maître et venir chez elle (art. 2).

. Lors de la capitation mise en 1695 sur les 22 classes du royaume, les domestiques furent exemptés de l'impôt; ils n'étaient pas tenus non plus du service de la milice, prérogative qui suscita des colères et jalousies parmi les artisans et causa une émeute dans Paris, en 1752.

Une ordonnance du lieutenant de police du 16 octobre 1720, prescrit à tout domestique qui change de maître de fournir une attestation écrite du dernier maître ou de la dernière maîtresse qu'il aura servi, constatant la cause, occasion, raison pour laquelle il aura été congédié, et en outre une déclaration écrite, relatant le pays ou lieu de sa naissance, et défend de prendre des gens qui ne seraient pas en règle. Un arrêt de règlement du parlement de Normandie, du 26 juin 1722, édicta sur cette matière des dispositions analogues.

Enfin une ordonnance du 4 mars 1724 punit de mort le vol domestique.

La convention abolit la domesticité dans l'art. 18 de la déclaration des droits de l'homme plus haut cité. Disposition aussi inutile qu'absurde car, comme on l'a dit fort justement, c'est la faim qui recrute la domesticité, et vouloir convertir en une sorte de relation platonique cet état dont l'unique excitant est l'intérêt matériel dans ce qu'il a de plus urgent, c'était tomber dans un écart ridicule. Comment d'ailleurs l'homme qui obéit au besoin et à l'intérêt aurait-il le droit d'exiger en retour des sentiments affectueux qu'il n'apporte pas lui-même ?

Mais en un mot que doit-on entendre aujourd'hui par ce mot domestique dont il est très-important de fixer le sens, à cause des difficultés relatives soit à la fixation et au paiement de leurs salaires, soit encore à la durée de la prescription à laquelle ces salaires sont soumis, et à la détermination des juges compétents ?

Les rédacteurs du Code civil, en réduisant à deux articles les dispositions relatives aux rapports des gens de service avec leurs maîtres, ont laissé aux règles de l'ancienne jurisprudence toute leur autorité et aussi toute leur incertitude sur plusieurs points.

La loi du 19-20 avril 1792, dit dans son article 7 que ne seront pas réputés domestiques ou serviteurs à gages les intendants ou régisseurs, les ci-devant feudistes, les secrétaires, les charretiers ou maîtres valets de labour. La loi du 27 août, 2 septembre 1792, exprime la même pensée en termes plus généraux. Avant cette loi les domestiques étaient exclus du vote comme n'ayant pas une indépendance suffisante pour remplir un devoir de cette nature. Se plaçant au point de vue électoral elle dispose : « Aucun citoyen ne doit être exclu des assemblées publiques pour cause de domesticité, s'il n'est attaché au service habituel des personnes; l'assemblée nationale invite donc les assemblées primaires à ne contester l'admission et le droit de suffrage d'aucun de ceux dont les travaux s'appliquent à l'industrie, au commerce et à l'agriculture. »

La loi du 24 brumaire, an VI, art. 4, enjoint aux maîtres de se faire représenter, par les domestiques qu'ils prennent à leur service, leur certificat de libération du service militaire, sans quoi ils s'exposeraient à être punis comme complices de recel de déserteurs.

Un décret du 3 octobre 1810 a établi pour les domestiques de Paris, des règles qui ont pour objet de mettre la police à même de les connaître et de les surveiller. Défense fut faite aux maîtres de les recevoir sans un bulletin d'inscription délivré par le commissaire; défense aux domestiques de louer des chambres à l'insu de leurs maîtres et de séjourner à Paris, quand ils seraient depuis un mois sans place. L'exécution de ce décret avait été réglée par une ordonnance de police du 29 novembre 1811, et son application étendue aux villes de 50,000 âmes et au-dessus, par un autre décret du 25 novembre 1843. Les dispositions de ces décrets qui étaient tombés en désuétude ont été remises en vigueur par un arrêté du Préfet de police du 1er août 1853. L'art. dernier du décret de 1810, en permettant aux intendants de remplacer leurs maîtres dans l'accomplissement de certaines formalités montre bien que la dénomination de domestiques ne s'applique plus à eux.

Ces quelques indications, quelque vagues qu'elle soient, nous permettent de décider qu'on doit réserver la qualité de domestiques aux serviteurs à gages, qui donnent leurs soins à la personne ou au ménage du maître, l'aident dans les travaux agricoles et qui d'ailleurs vivent et logent dans sa maison. Les serviteurs à gages de la campagne sont aussi compris sous la dénomination commune de domestiques, mais ils sont, à raison des services auxquels on les emploie, soumis à certaines règles spéciales.

Cependant M. Henrion de Pansey, dans son traité de la compétence des juges de paix, au n° 2 du chapitre XXX, rappelle domestiques tous ceux qui font partie d'une maison et qui, subordonnés à la volonté du maître, en reçoivent des gages. Il les divise en deux classes : ceux dont les fonctions n'ont rien d'avilissant, et même sont honorables, tels que les bibliothécaires, précepteurs, secrétaires, intendants de maison, et ceux dont les services supposent une dépendance plus absolue, que l'on nomme valets, serviteurs, servantes, et qui sont désignés dans la loi sous le nom de serviteurs-domestiques. Ces derniers, ajoute M. de Pansey, sont encore de deux sortes, ceux qui ne sont attachés qu'à la personne du maître, tels que les cuisiniers, valets de chambre, laquais, et ceux qui sont principalement occupés aux travaux de la campagne, valets de labour, servantes de basse-cour, etc.

A notre avis, M. de Pansey s'est trop attaché au sens étymologique, mais l'idée humiliante qui s'attache aujourd'hui à cette expression que s'appliquaient autrefois avec orgueil même les hommes d'un rang élevé, ainsi que les arguments historiques, ci-dessus développés, ne permettent pas d'admettre que les rédacteurs du Code aient rangé dans la catégorie des domestiques les personnes honorables qu'indique M. Henrion de Pansey dans sa première catégorie ; car comme le dit avec raison un arrêt de la cour de Bourges, du 30 mai 1829, ces personnes rendent des services à celui qui les emploie, mais ne sont pas à son service.

Certes il est à déplorer que dans une société qui prétend avoir réalisé le progrès sous toutes les formes, il se trouve des gens qui se plaignent, et non sans raison, qu'on ne trouve plus chez les domestiques d'aujourd'hui l'affection et le dévouement tant vanté des *vieux serviteurs*. A ceux là il est facile de répondre que la domesticité n'est plus ce qu'elle était autrefois. Vivant dans la famille elle n'en fait pas partie; elle est plutôt établie dans elle que pour elle, comme dit Montesquieu, et il est rare qu'elle cherche à se relever de son infériorité par le dévouement et l'affection qui rehaussent les services les plus humbles. Le domestique ne voit dans la personne du maître qu'un spéculateur qui, pour un prix, cherche à tirer de lui le plus de travail et de revenu possibles, qui le délaissera lorsqu'il sera devenu faible, vieux et infirme, et, de son côté, il cherche à ménager ses forces le plus longtemps possible tout en répétant, presqu'avec les mêmes expressions, ces paroles du poète

Notre ennemi c'est notre maître.

D'ailleurs, chose digne de remarque, ceux qui se plaignent le plus sont ceux qui ont le plus oublié ce dicton, emprunté à la sagesse des nations : *Si les bons serviteurs font les bons maîtres, ce sont les bons maîtres qui font les bons serviteurs.*

§ 2. — DES OUVRIERS

Tous ceux qui louent leurs services sans être domestiques, rentrent dans la catégorie des ouvriers, dont parle la rubrique de notre section. Par ce mot ouvrier, on entend généralement ceux qui louent leurs services au jour le jour ou pour un ouvrage déterminé sans être entrepreneurs, mais qui ne sont point logés et nourris dans la maison de celui pour lequel ils travaillent, tels que les terrassiers, moissonneurs, vendangeurs, faucheurs, jardiniers, batteurs en grange, vignerons, maçons, charpentiers, ouvriers de fabrique, et, en général, comme dit M. Henrion de Pansey, tous ceux dont l'engagement peut commencer et finir dans la même journée. En général, dans le langage du monde, et même dans le langage du Code (art. 2271 *alinea* 3), le mot ouvrier à un sens plus restreint, on l'applique à ceux qui se livrent aux arts mécaniques, et on réserve le mot gens de travail pour ceux qui se livrent aux travaux agricoles, mais cette distinction est un simple fait qui n'a aucune conséquence juridique.

Ici nous retrouvons parfaitement la même distinction qu'en droit romain ; le louage des domestiques n'est qu'un louage de service, une *locatio operarum* ; mais quand il s'agit des ouvriers nous trouvons, ou bien la *locatio operarum*, engagement de ceux qui travaillent pour le maître pendant un temps déterminé sans être domestiques, ce qui constitue un louage de services, ou bien une *locatio operis*, quand l'ouvrier convient de faire un travail pour un prix débattu ou autrement fixé, ce qui constitue le louage d'industrie. Mais les rédacteurs du Code, quoique n'ayant pas adopté la même division que le droit romain, n'ont spécialement traité dans les art. 1780 et 1781 qui forment la section dont nous nous occupons, que le louage de services, renvoyant à la section 3ᵉ l'étude des principes propres à l'entreprise d'un ouvrage complet, au louage d'industrie.

Dans ces deux articles il n'est donc question, à notre avis, en outre des domestiques, que de cette catégorie de travailleurs qu'on appelle ordinairement les journaliers.

Comment se forme la convention entre le maître et les domestiques et ouvriers ? Le plus souvent elle n'est que verbale. Le parlement de Paris ne la regardait comme obligatoire que si le domestique avait reçu des arrhes, qui ne s'imputaient pas sur le prix, mais étaient purement symboliques, comme un don fait au domestique, un denier à Dieu. Quand le contrat ne met pas en jeu une valeur de plus de 150 francs la preuve peut s'en faire par témoins.

Quant aux ouvriers, leur engagement se fait d'une manière qui rappelle tout à fait celle des *politores* du droit romain, que nous avons décrite au commencement de cette étude. Dans le temps des moissons, des foins, ou des vendanges, surtout dans les pays montagneux ou boisés, il y a dans les gros bourgs ou les petites villes, une assemblée de journaliers qui se réunissent sur la place publique pour se louer. Ces journaliers portent ordinairement sur leur épaule, ou à leur bras, une faucille, une faux, ou un panier à vendange, suivant le genre de travail auquel ils veulent se consacrer. Les propriétaires ou les fermiers des environs se rendent à cette assemblée qu'on appelle la louée, font leurs conditions pour la journée ou le temps de la récolte, et emportent en signe du contrat l'instrument apporté par l'ouvrier. Aussitôt la journée ou la récolte finie suivant les circonstances le contrat prend fin *ipso facto*. Dans les environs de Toulouse, les ouvriers qui se louent ainsi pour faire la moisson et sont payés en nature, ont reçu le nom d'*œstivandiers*. Dans les riches vignobles de la Gironde ce sont des entrepreneurs ou pour mieux dire des chefs d'association qui viennent des départements voisins avec une bande d'habitants de leur village pour opérer la récolte du raisin. Il en est de même croyons-nous dans l'Hérault et le Dauphiné, où les paysans des Cévennes et des Alpes descendent à l'époque des vendanges, comme les montagnards de l'Ombrie descendaient dans la vallée de Reate.

Quant aux ouvriers des fabriques ou manufactures, le mode d'engagement est différent. Pour ceux qui travaillent à la pièce il ne peut y avoir de difficultés, le prix de la pièce est fixé, le salaire plus ou moins grand dépendra de la rapidité de l'ouvrier et du plus ou moins de temps qu'il emploiera à faire une pièce complète. Quant à ceux qui travaillent à la journée, ils débattent ordinairement leur prix et après l'avoir discuté le fixent contradictoirement avec le patron ou ses représentants.

§ 3. — DE L'ENGAGEMENT A VIE.

L'art. 1780 est ainsi conçu :

On ne peut engager ses services qu'à temps ou pour une entreprise déterminée.

Cet article ne fait que reproduire un principe que les législateurs modernes ont écrit dans les lois fondamentales de l'état et qu'avant eux les jurisconsultes du moyen-âge avaient formulé avec une netteté remarquable : *Nemo potest locare opus in perpetuum,* personne ne peut engager pour toute sa vie son temps et ses services, avait-on dit longtemps avant que dans l'article 18 de la déclaration des droits qui précède la Constitution du 5 fructidor, an III, on écrivit la disposition suivante : « Tout homme peut engager son temps et ses services, mais il « ne peut se vendre, ni être vendu, sa personne n'est pas une « propriété aliénable. »

Comme on le voit la rédaction de l'art. 1780 se rapproche beaucoup plus par les termes de l'adage ancien que la déclaration précitée, mais si les termes diffèrent l'idée est la même ainsi que les principes qui l'ont fait admettre. Les servitudes personnelles étaient abolies par l'art. 685, et l'on peut regarder comme une sorte d'esclavage, la convention par laquelle une personne s'engage pour toute sa vie au service d'une autre, moyennant une somme une fois payée ou à tant par an.

Ce principe que toutes les conventions contraires à l'art. 1870 sont nulles, est trop clairement posé par le Code pour que son explication nécessite de grands développements.

La Cour de Lyon a considéré comme un engagement à vie, et a annulé, comme contraire aux dispositions de l'art. 1780, la convention par laquelle une personne s'engageait à travailler pour une autre sa vie du   t, à la condition d'être logée, nour-

rie et entretenue sans autre salaire (19 décembre 1867). Cette décision qui à première vue peut paraître étrange, s'explique très-
facilement, si l'on se souvient que le prix du louage de services
peut consister en autre chose que de l'argent comptant. La
Cour de Lyon a vu dans ce logement, cette nourriture et cet entretien une rémunération du travail, dès lors la convention était
un louage de services, elle était contraire à l'art. 1780 et devait
être annulée.

Il pourrait se faire que sans avoir formellement loué ses services pour toute sa vie on l'eut fait d'une manière équivalente,
assignant à l'engagement une durée telle qu'il fut à peu près
certain d'avance que la vie du locateur ne s'étendra pas jusque
là. La loi n'a pas voulu qu'il fût permis d'éluder par un artifice
grossier ses dispositions, surtout lorsqu'elles sont aussi claires et
aussi précises que celles de l'art. 1780. Aussi les juges ont-ils,
pour déterminer la portée de cet article, un pouvoir absolu, et
leur jugement doit être le plus souvent dicté par les circonstances.

En un mot, sont nulles d'après l'interprétation la plus stricte
de l'art. 1780, toutes les conventions par lesquelles une personne s'oblige à être domestique ou à travailler chez tel maître
tout le temps qu'elle vivra, pourvu bien entendu qu'elle en
reçoive un salaire ou une rémunération quelconque.

La nullité qui résulte de l'engagement à vie est d'ordre public.
La loi a pensé qu'un pareil louage serait contraire à la liberté
naturelle; que consacrer sa vie entière au service d'autrui,
ce serait aliéné sa liberté, bien entre tous réputé inaliénable.
La nullité est à notre avis si absolue qu'elle peut être invoquée
et par celui qui a aliéné sa liberté et par celui qui l'a achetée.
Le maître et le domestique peuvent se dispenser d'exécuter le
contrat sans être tenus pour cela à aucuns dommages et intérêts,
ainsi que l'a décidé la Cour de Bordeaux dans un arrêt du
23 janvier 1827. Mais alors même que la stipulation est nulle, si
elle a été exécutée pendant un certain temps, le maître devra
payer les services qu'il a reçus. Ce ne sera pas en vertu du con-

trat qu'il sera ainsi tenu puisque, le contrat étant nul ne peut donner naissance à aucune obligation, mais par le fait des travaux accomplis, et qu'il a approuvés par cela seul qu'il les a laissé faire. Mais le prix pourra être différent de celui qu'avaient fixé les parties. Les juges pourront déterminer, d'après la nature des services, le taux fixé par les usages du pays et ce qui est légitimement dû.

On a soutenu cependant et non sans talent, en se basant surtout sur des arguments d'humanité, que la nullité ne pouvait être invoquée que par le domestique, que ce n'était qu'en sa faveur qu'était fait l'art. 1780. La Cour de Paris par un arrêt du 20 juin 1826 décida dans notre sens, bien entendu avec la restriction que si l'ouvrier éprouvait des dommages le maître devait les payer. L'arrêt se base sur une nullité absolue, et cependant il admet des dommages ; nous ne nous contredirons pas comme les magistrats de la Cour de Paris, et nous n'hésitons pas à croire et à affirmer que la nullité étant absolue, il n'est dû aucun dommage par la partie qui a résilié le contrat.

On ne peut engager ses services que pour une entreprise déterminée dit encore l'art. 1780. Qu'a voulu entendre le législateur par ces mots une entreprise. Une entreprise déterminée est ce que nous avons appelé en droit romain un *opus faciendum*, un travail manuel, à exécuter par un ouvrier, tel que creuser tant de mètres de fosse, construire un édifice. Cette entreprise, pour être déterminée, doit être définie quant à la nature des travaux à effectuer, et de cette nature même doit résulter, si elle n'a pas été convenue, une durée certaine. Mais si le travail à effectuer est tellement considérable qu'il soit évident que la vie d'un homme ne saurait y suffire, le contrat est-il nul comme *locatio* d'un *opus perpetuum* ? Evidemment non, dans le cas où celui qui s'est engagé à le faire est un entrepreneur qui ne travaille pas lui-même ; et même, dans le cas où celui qui a entrepris l'ouvrage serait un journalier obligé de tout le faire par lui-même et par conséquent incapable de l'achever, nous croirions assez volontiers avec MM. Duranton, Troplong, Zachariæ et Duvergier que

5

cette entreprise doit être assimilée à un travail sans terme, et être rangée dans la classe des ouvrages indéterminés.

D'ailleurs, dans tous les cas, les tribunaux doivent apprécier d'après l'âge de celui qui loue ses services, la nature de l'entreprise et les autres circonstances, si l'engagement n'enchaîne pas réellement pour toute sa vie celui qui l'a contracté.

Mais si la faculté de s'obliger *in perpetuum* est enlevée au locateur de services, elle ne l'est point au maître qui peut très-bien s'engager à garder toute sa vie une personne à son service. C'est un contrat unilatéral qui n'est pas défendu par la loi, car la perpétuité de subordination qui porte atteinte à la liberté n'existe pas ici.

§ 4. — DURÉE DU LOUAGE DE SERVICES. CAUSES DE RÉSILIATION DU CONTRAT

Par quoi est fixée la durée du louage de services ? tantôt par la convention, tantôt par l'usage des lieux, tantôt enfin par la durée de l'entreprise.

Lorsqu'un domestique ou un ouvrier est loué à tant par jour, tant par mois, tant par année, il est censé loué pour un jour, pour un mois, pour une année. Les domestiques employés aux travaux des champs, tels que valets de labour, servantes de basse-cour, vignerons, sont censés, d'après un usage général basé sur la nécessité de conduire à bonne fin les travaux de l'agriculture, loués pour une année.

Cette solution repose sur un usage suivi de tout temps et attesté par tous les auteurs (Pothier, *Du louage* n° 176. Nouveau Denizart, *Domestique*, § 3, et aussi les commentateurs modernes Duranton, Troplong, Duvergier, Marcadé, Bioche, *Dictionnaire des Juges de Paix, louage de services*, n° 7). Dans l'ancien droit une ordonnance de la sénéchaussée de Moulins, du 17 juin 1722,

portait défense « à tous laboureurs et vignerons de quitter la culture des terres ou vignes à laquelle ils sont préposés avant le
jour de la St-Martin d'hiver, de l'année en laquelle leurs baux
doivent expirer, » et aux maîtres de recevoir des domestiques
qui auraient contrevenu à cette défense.

Une sentence du Juge de paix du canton de Quissac, rappor-
tée par le *Correspondant des Juges de Paix*, année 1862 n° 358,
est conforme à cette doctrine, et un arrêt de la cour de Bordeaux, du 3 juin 1867, se basant sur ce que, lorsqu'il s'agit du
travail nécessaire pour l'exploitation d'un fonds rural, l'usage
constant est qu'en pareil cas, à défaut de convention contraire,
le contrat est censé conclu pour un an, décide qu'avant l'expiration de ce délai, le maître qui veut poursuivre la résiliation
du contrat ne peut la poursuivre qu'aux formes de droit, et que
le renvoi du domestique avant l'expiration de ce temps ouvre à
son profit une action en dommages-intérêts.

Il est bien entendu quoique l'arrêt ne s'explique pas là-dessus
que si le domestique avait donné au maître de justes motifs de
renvoi, ce serait lui qui serait censé avoir résilié le contrat, et
l'action en dommages donnée par l'arrêt ne s'ouvrirait pas à son
profit. Sous ce rapport l'état de domestique attaché à l'exploitation d'un fonds rural ne le soustrait pas aux règles du droit commun en matière de résiliation du contrat de louage de services.

Les domestiques qui ne sont loués qu'après l'époque ordinaire
des engagements, telle qu'elle est fixée par l'usage des lieux, ne
sont réputés engagés que pour le reste de l'année. Cette opinion émise par M. Duranton est trop logique pour ne pas être
facilement admise.

A Paris et dans les villes, les gages des domestiques sont fixés
à raison de tant par an et cependant leur engagement peut être
résilié avant la fin de l'année. A l'égard de ces domestiques la
rupture doit être précédée d'un congé ou d'un avertissement qui
est toujours verbal. A Paris l'avertissement est donné par le
domestique au maître ou par le maître au domestique huit jours

à l'avance ; le maître a même le droit de renvoyer sur le champ son domestique en lui payant ses gages, et sa nourriture pour huit jours, quand les motifs du renvoi ne sont pas graves, et sans ce supplément si la cause du renvoi a de la gravité.

Lorsque des gens de travail ou des ouvriers sont loués pour un ouvrage particulier tel que la moisson ou la vendange, ils sont loués jusqu'à la fin de l'opération, bien que loués à tant par jour.

Lorsque le temps du louage est fixé par la convention, par l'usage ou par la nature du travail, le maître ne peut renvoyer son domestique ni le domestique quitter son maître avant l'expiration du temps fixé, cependant le manquement à la loi du contrat dont les parties peuvent se rendre coupables est une cause de résolution.

L'incapacité du domestique pour le service qu'il s'est chargé de faire, son manque de respect à la personne du maître, son peu de fidélité sont des raisons suffisantes d'expulsion, mais l'appréciation des faits reprochés peut être faite par les tribunaux.

Le domestique a des motifs légitimes de quitter son maître, si celui-ci le maltraite par des voies de fait ou des propos outrageants, s'il ne le nourrit pas convenablement, s'il essaie de corrompre une fille qu'il a à son service, ou si des événements indépendants de sa volonté, tels par exemple que la conscription, le contraignent à rompre son engagement.

Si le maître renvoie son domestique sans motif légitime, il lui doit le paiement de ses gages pour le temps qui reste à courir et en outre, si le domestique était nourri chez le maître, une somme suffisante pour subvenir à sa nourriture pendant le même temps, à titre de dommages et intérêts.

Quand la durée du louage de services n'est pas fixée par la convention, le contrat peut toujours cesser par la libre volonté de l'une ou l'autre des parties contractantes, en observant toutefois les délais de congé commandés par l'usage. Et le maître qui usant de ce droit congédierait son domestique ou son employé ne serait tenu d'aucune indemnité, alors même que celui-ci n'aurait pas démérité. Ce principe que nous avons ailleurs expliqué a reçu son application dans des arrêts de la Cour d'Amiens, du 10 juin 1872; de la chambre civile de la Cour de Cassation, du 5 février 1872, et dans deux arrêts de la Cour de Paris, du 17 août 1872. Quant au point de savoir si le renvoi a été ou non motivé, s'il a été ou non précédé d'un avertissement dans les délais d'usage, ce sont là évidemment des questions de fait que les tribunaux sont appelés à décider d'après les circonstances.

Mais si la durée des services est fixée par la convention, si par exemple un négociant a attaché des employés à sa maison de commerce pour un temps déterminé, ces employés ont droit à une indemnité s'ils sont renvoyés avant le temps fixé; un arrêt de la Cour de Paris, du 14 novembre 1872, décide que cette indemnité leur est due alors même que le patron les renverrait par suite de la vente de son établissement nécessitée par des pertes d'exploitation.

Lorsque cette convention fixant la durée des services existe, le maître ou le patron ne peut en faire cesser les effets que par une demande en justice (art. 1184 *in fine*) Cour de Paris, 1er février 1873. Il en est de même quant il s'agit de services dont la durée est déterminée par l'usage, par exemple ceux des domestiques ruraux.

La suppression d'un emploi pour quelque cause qu'elle soit prononcée ne donne pas en elle-même, à moins de convention contraire, d'action à l'employé congédié; le contrat de louage de services peut en effet lorsque sa durée est indéterminée être résilié à toute époque par chacune des parties (Cassation, 8 février 1859, 31 août 1864 et 24 janvier 1865). Mais il en est autrement lorsque le contrat a été rompu d'une manière brusque et à contre-temps (arrêt précité du 8 février 1859), ou lorsqu'il a été pour l'employé l'occasion de dépenses et de sacrifices dont la résiliation lui enlève le bénéfice. Un arrêt de la Cour de Paris, du 9 mai 1865, décide que l'employé qui a sacrifié une situation avantageuse en vue d'un emploi qui lui était proposé, a droit à une indemnité au cas de suppression de cet emploi, un arrêt de la Cour de Nimes, du 23 mai 1865, décide que si des retenues ont été faites sur le traitement de cet employé au profit de la caisse des retraites, les sommes ainsi retenues doivent lui être restituées, lorsque l'emploi lui est retiré sans aucune faute de sa part. Et la Cour de Paris, par arrêt du 19 mars 1867, accorde à l'employé congédié sans motif de plainte le droit d'exiger de ceux qui l'employaient, lorsqu'ils ne lui ont pas donné un délai suffisant pour se procurer un nouvel emploi, une indemnité basée sur le préjudice que lui a causé son renvoi.

L'employé renvoyé par son patron sans des motifs sérieux a droit à des dommages-intérêts (Paris, 12 février 1858). Un arrêt de la cour de Grenoble, du 27 juin 1867, décide que le patron qui renvoie son employé n'est pas tenu de justifier d'une cause légitime de renvoi. Nous avouons que cette jurisprudence nous étonne, et nous comprenons que si l'employé, commis ou domestique qui se sent en faute ne demande pas les motifs de son renvoi, nous ne saurions admettre que dans une action en justice intentée contre lui à l'occasion de ce renvoi, le maître n'ait pas à soumettre la légitimité ou la gravité des motifs qui l'ont décidé à résilier aussi brusquement le contrat, tout au plus nous rangerions-nous à l'opinion de la Cour de Lyon lorsqu'elle adopte une jurisprudence semblable par rapport aux compagnies de chemin fer, qu'elle dispense de ces justifications à cause de l'immense responsabilité résultant de leur exploitation, (arrêt du 26 novembre 1867.

La Cour de Rouen décide que l'indemnité est due alors même que la durée des services à fournir n'aurait pas été fixée, si c'est dans une intention mauvaise que le patron a congédié son employé.

Le domestique qui quitte son maître sans motifs légitimes est également tenu envers lui de dommages et intérêts qui devront être compensés avec les gages gagnés par le domestique pendant que le service a duré. Le domestique qui après avoir loué ses services refuserait d'entrer chez son maître sera tenu des mêmes dommages et intérêts que s'il le quittait avant le terme convenu, bien que le parlement de Paris, par arrêt du 13 septembre 1728, ait décidé que la convention n'est parfaite et qu'il n'y a lieu à des dommages et intérêts qu'autant que le domestique a reçu des arrhes. Les dommages et intérêts dûs au maître doivent se régler, dit Merlin, eu égard à ce qu'il en coûte au maître pour se faire servir par un autre domestique durant l'espace de temps que celui qui est sorti aurait dû servir.

Dans le cas où le domestique demanderait la résolution du contrat pour certaines des causes ci-dessus énoncées, le maître pourrait être considéré comme ayant donné lieu à cette résolution et être tenu de dommages-intérêts envers son domestique, et dans tous les cas à lui payer ses gages pour le temps qui reste à courir. Le juge pourra cependant ainsi que dans le cas du renvoi sans motif plus haut prévu, déduire de ces gages la somme que le serviteur peut vraisemblablement gagner ailleurs mais en fixant cette somme au plus bas prix. C'est l'opinion de Pothier, que nous adoptons.

Il nous a paru intéressant de rapprocher de ces solutions de la loi française les passages suivants des lois de Manou qui ont trait aux mêmes questions (voir lois de Manou, liv. 8, stances 215, 216 et 217. L'homme salarié qui sans être malade refuse par orgueil de faire l'ouvrage convenu sera puni d'une amende de 8 kruhmalas d'or et son salaire ne doit pas lui être payé. Mais si après avoir été malade, lorsqu'il est rétabli, il fait son ouvrage conformément à la convention antérieure, il doit recevoir sa paye même quand il ne ferait l'ouvrage qu'après un grand laps de temps. Toutefois, qu'il soit malade ou bien portant, si l'ouvrage stipulé n'est pas fait par lui-même ou par un autre, son salaire ne doit pas lui être donné quand bien même il s'en faudrait de très-peu que la tâche ne soit achevée.

La loi orientale n'accorde pas de salaire au domestique pour le temps de maladie; nous avons déjà vu ce que décidait sur ce point la loi romaine. Dans notre droit français, le maître dont le domestique vient à tomber malade lui doit son salaire entier et ne peut le diminuer au prorata du temps qu'a duré la maladie. L'ancienne jurisprudence fixée par deux arrêts, l'un du parlement de Paris, l'autre du parlement de Toulouse, décidait que tout le salaire devait être payé au domestique. C'est là de l'humanité bien entendue.

Comment finit l'engagement des ouvriers. — Il n'y a pas d'usage pour le congé à donner aux ouvriers, on doit se conformer à ce qui se pratique pour chaque profession.

Nous avons dit que le louage des domestiques finissait par l'expiration du temps fixé par la résolution du contrat, que cette résolution vint de l'expulsion, d'un congé amiable, ou de circonstances indépendantes de la volonté de l'ouvrier. Il finit aussi par la mort de l'ouvrier, mais ses héritiers ne peuvent réclamer des gages pour le temps qui restait à courir. Le maître ne peut être forcé à payer des services qu'il n'a pas reçus.

M. Duraton pense que le mariage du domestique est une cause légitime de la résolution du contrat; nous croyons cependant qu'il ne doit pas en être ainsi et que les considérations tirées de la liberté du mariage, du retard que pourraient y apporter des besoins nouveaux et des exigences qui peuvent modifier la position du serviteur soient des raisons suffisantes pour permettre de s'affranchir d'une obligation dont le maître est en droit de demander, et d'exiger l'accomplissement. L'ordonnance de Charles IX, de 1567, portait, probablement en souvenir du for-mariage, que le domestique ne pourrait se marier sans l'assentiment préalable de son maître, et que celui qui se marierait contre le gré du maître ou même sans congé de lui, perdrait l'arriéré de ses gages. On pourrait même dire que le domestique qui quitte son maître, avant l'expiration du temps fixé, pour se marier, peut être condamné à des dommages et intérêts. Mais Pothier pense que le juge doit se montrer modéré dans l'appréciation du dommage.

Nous avons dit que lorsque le domestique, pour obéir à la loi sur le recrutement de l'armée, était obligé de quitter son maître, il y avait là un motif légitime de résiliation du contrat. Il ne saurait en être de même quand le domestique contracte un engagement volontaire, et nous sommes dans les deux cas de l'avis de MM. Troplong, Zachariæ, Duvergier.

La force majeure est une cause de résolution du contrat de louage de services, mais elle ne peut donner lieu à cette résolution, que si elle revêt le caractère d'un obstacle absolu, né de circonstances imprévues et qui rend l'exécution du contrat impossible. Si l'événement constitutif de la force majeure ne fait que rendre cette exécution plus onéreuse ou plus difficile, ou ne fait que la retarder ou la suspendre, le contrat ne saurait être résolu. Aussi trouvons-nous conforme aux principes la jurisprudence de la cour de Nancy, qui, dans deux arrêts du 14 juillet 1871, a décidé que le contrat de louage de services n'était pas résilié par la survenance d'une guerre qui obligeait un patron à restreindre ses opérations, mais sans l'empêcher de continuer son entreprise, et a condamné ce patron à payer à des employés qu'il avait congédiés pour cause de restriction de commerce une indemnité pour résolution de contrat non motivée.

Le domestique devra des réparations à son maître s'il rompt le contrat par son fait, si prévenu d'un crime ou d'un délit il prend la fuite pour éviter une prise de corps. Mais MM. Troplong, Duvergier et Duranton, pensent que si son innocence vient à être reconnue il se trouve dans un cas de force majeure.

A l'expiration du temps fixé le louage finit de plein droit et sans congé ; si le domestique continue les services, et si le maître ne s'y oppose, le louage recommencera par tacite reconduction, et le temps que durera cette reconduction est celui assigné par l'usage aux locations de services.

§ 5. — PREUVE DU CONTRAT

Comment se fait la preuve du contrat intervenu entre le maître et le domestique, entre le patron et l'ouvrier? — Il est évident que si la convention avait été relatée dans un écrit en forme, cet écrit servirait de preuve, mais le plus souvent l'accord a été purement verbal, et il semblerait que dès lors on aurait dû permettre au locateur d'user de tous les moyens de preuve du droit commun. Cependant l'article 1781, copiant en cette matière l'ancienne jurisprudence, disposait que le maître serait cru sur son affirmation :

Sur la quotité des gages;

Sur le paiement des salaires de l'année échue;

Sur les à-compte donnés pour l'année courante.

Cet article qui faisait peser sur l'ouvrier un soupçon de mensonge, était basé sur la considération que la plupart des discussions entre le maître et l'ouvrier portaient sur des sommes minimes, et que le maître par son éducation et sa position méritait plus de confiance ; aujourd'hui où souvent le domestique est aussi riche que le maître ; cette dernière considération était sans valeur, aussi cet article était vivement attaqué par les auteurs comme attentatoire à l'égalité de tous les citoyens devant la Justice. L'ambiguïté de ses termes avait aussi donné lieu dans la pratique a de grandes et nombreuses difficultés d'appréciation.

Ces difficultés ont été levées par la loi du 2 août 1868, votée au corps législatif à l'unanimité de 200 voix et sans discussion, le 27 juillet 1868, sur un rapport de M. Mathieu, et au Sénat, aussi sans discussion, le 29 juillet de la même année, sur un rapport de M. Boinvilliers, et qui porte : L'art. 1781 du Code civil est abrogé.

Par l'abrogation de cet article toutes les discussions sur la portée plus ou moins étendue du mot domestique, que nous avons citées plus haut et qui avaient toutes suscité l'exception au droit commun qu'il édictait, n'ont plus de raison d'être, et quand il y a procès dans les cas prévus par l'art. 1781, par exemple lorsqu'on discute sur la quotité des gages, ou des à-comptes-donnés, le maître et le domestique sont égaux devant le juge, et celui-ci doit employer pour arriver à la conviction les modes de preuve du droit commun.

Mais si la loi de 1868 a rendu les parties égales, elle n'a pas changé les rôles, et ne permet pas de soutenir que l'exception admise par l'article 1781, et qui pouvait à la rigueur se justifier quand il s'agissait du maître, ait été établie en faveur du domestique.

Il n'est pas inutile de faire quelques observations en ce qui concerne le prix : S'il n'y a pas eu de fixation écrite, et qu'une contestation s'élève, il est certain que le juge ne peut pas toujours s'en rapporter aux usages pour faire cette fixation. Dans les mêmes industries, en effet, les prix doivent nécessairement varier suivant les forces et les aptitudes des ouvriers, et il faut que le juge ait recours à une appréciation. Un procédé qui, pensons-nous, est parfaitement légal et équitable est celui qui consiste à ordonner que le maître devra payer à l'ouvrier le prix qui lui a été payé, dans les mêmes circonstances, par un précédent patron chez lequel il a travaillé assez longtemps pour être apprécié à sa valeur.

§ 5. — PRIVILÈGE ACCORDÉ AUX DOMESTIQUES ET OUVRIERS

La loi voit avec faveur la créance des gens de service, aussi l'a-t-elle garantie par un privilège général sur les meubles. Les créances privilégiées sur la totalité des meubles, dit l'art. 2101, § 4, sont : « Les salaires des gens de services pour l'année échue et ce qui est dû de l'année courante ». L'article 2104, établit subsidiairement un privilège sur les immeubles pour la garantie des mêmes créances.

Ce privilège est fondé sur deux motifs : 1° Si les domestiques n'eussent pas été privilégiés, le maître qu'un malheur frappe

dans ses biens eut été abandonné et privé des soins qu'une lon-
gue habitude a presque rendus nécessaires ; 2° les créances des
domestiques formant souvent toute leur fortune, l'humanité
recommandait qu'on les protégeât contre l'insolvabilité de leur
maître. La faveur qu'on leur accorde ne cause d'ailleurs qu'un
mince préjudice aux autres créanciers, car les salaires qui leur
sont dûs ne sont jamais bien considérables ; les salaires se pres-
crivant par un an, il ne peut leur être dû que le salaire de
deux années (art. 2272).

Ce privilège n'existait pas généralement avant notre Code
civil. Pothier nous apprend qu'on l'accordait à Paris, et il
regrettait qu'il ne fut pas aussi accordé dans le ressort des autres
parlements. La loi du 11 brumaire an VII d'abord, le Code civil
ensuite, ont réalisé le vœu de Pothier et sont même allés plus loin
que l'ancienne jurisprudence. Celle-ci fixée par un acte de no-
toriété du Châtelet de Paris, du 4 août 1672, n'accordait de privilège qu'aux domestiques de ville. Il résulte des termes même
de notre article qu'aujourd'hui il est accordé à tous les gens de
service qu'ils soient domestiques de ville ou de campagne.

Le privilège de l'art. 2101 doit être accordé à tous les gens de
service qui travaillent à l'année. La loi du 11 brumaire an VII,
ne parlait que des domestiques, le Code en employant le terme
gens de service a voulu étendre la portée de cette disposition.
Mais ce privilège ne doit être accordé, d'après M. Troplong, qu'à
ceux qui louent leurs services à l'année.

Deux arrêts, l'un de la Cour de Cassation, du 10 février 1829,
l'autre de la Cour de Paris, de 1834, posent ce principe qu'un ouvrier travaillant à la pièce, alors même qu'il ne serait payé
qu'une fois par année, ne pourrait invoquer le privilège de
l'art. 2101, et nous n'avons aucune peine à admettre cette jurisprudence, bien que les partisans de l'opinion contraire aient en
leur faveur un arrêt de la Cour de Rouen du 7 août 1823.

Le privilège accordé aux domestiques n'établit pas entre eux
de cause de préférence. Qu'importe en effet que leurs droits
soient nés le même jour, ou à des époques différentes, la diffé-

rence de date ne change ni ne modifie la nature de ces créances qui, dans tous les cas, sont absolument identiques, puisqu'elles sont de même condition et de même qualité. Mais lorsque plusieurs ouvriers on fait, à des époques diverses, des réparations sur un même objet, la priorité de temps donne l'infériorité de rang. La différence de date imprime aux créances les plus récentes, un caractère particulier qui les rend plus favorables et par conséquent plus privilégiées que celles qui les précèdent dans l'ordre du temps.

L'art. 2101, accorde un privilège sur la récolte pour les frais de la récolte. Ce privilège est destiné à garantir le salaire des ouvriers qui ont levé la récolte. Il prime le privilège accordé au bailleur et aux vendeurs de semence, parce que ceux à qui il est accordé, ont conservé la récolte dans le patrimoine de ceux à qui ils sont préférés.

Avant la loi du 28 mai 1838 sur les faillites, on discutait la question de savoir si les commis et employés d'un négociant pouvaient être considérés comme des gens de service et avaient droit au privilège accordé par le § 4 de l'art. 2101. Un article de cette loi qui est devenu l'article 549 du Code de commerce a résolu la difficulté; cet article est ainsi conçu : « Le salaire acquis aux ouvriers, employés directement par le failli, pendant le mois qui aura précédé la déclaration de faillite, sera admis au nombre des créances privilégiées, au même rang que le privilège établi par l'art. 2101 du Code civil, pour le salaire des gens de service. Les salaires dûs aux commis, pour les six mois qui auront précédé la déclaration de faillite, seront admis au même rang. »

Le privilège de l'art. 2101 ou celui de l'art. 549, peut-il être réclamé par les acteurs en cas de faillite du directeur? On ne saurait à notre avis les considérer comme gens de service, des ouvriers ou des commis. C'est ce qu'a décidé un arrêt de la Cour d'Aix, du 10 mars 1861. Les personnes qui, comme les acteurs, croient tenir un haut rang dans la société, qui ne dédaignent ni les honneurs, ni les décorations, ne doivent pas être écoutées, lorsque pour un intérêt pécuniaire elles demandent à être rangées dans une classe inférieure. Un arrêt de la Cour de Toulouse, du 22 décembre 1866, contient les considérants suivants : Attendu que l'acteur, en échange du traitement qu'il reçoit de son directeur, lui *engage ses services* et met à sa disposition son temps et son talent, attendu qu'il devient ainsi son employé... La Cour de Montpellier, par un arrêt du 25 mars 1862, avait adopté la même opinion, mais des arrêts des Cour de Pau, du 29 juillet 1865, et de Bordeaux, 1er avril 1867, et un jugement de la première Chambre du tribunal de 1re instance de Toulouse, en date du 17 février 1870, décident que l'acteur, dans ses rapports avec son directeur, en vertu de son engagement, ne peut être considéré ni comme son employé ni comme son commis.)

L'art. 191 du Code de commerce donne un privilège sur le prix d'un navire aux ouvriers employés à la construction, à l'armement ou à l'équipement de ce navire. .

Un arrêt de la Cour de Toulouse, du 7 décembre 1838, décide que les professeurs attachés à une maison d'éducation, n'ont pas, pour le paiement de leurs honoraires, de privilège sur le prix de l'établissement. M. Troplong cependant est d'un avis contraire.

Le privilège des gens de service est, quant au droit de préférence, dispensé d'inscription comme tous privilèges de l'article 2101. Il en est dispensé aux termes de l'art. 2107, bien qu'il s'étende subsidiairement sur les immeubles. Il est évident que la double inscription exigée pour la conservation du privilège des ouvriers, ne s'applique nullement aux ouvriers dont nous nous occupons ici, mais seulement à ceux dont il sera question dans notre chapitre IV, c'est-à-dire aux *locatores operis*. Les termes de l'art. 2110, que nous expliquerons quand nous traiterons du privilège accordé aux constructeurs d'édifices, ne peuvent laisser aucun doute à cet égard.

Le privilège des domestiques et autres gens de service, n'entraîne pas de droit de suite, l'art. 2107 n'accordait ce droit qu'aux créanciers inscrits, et la loi du 23 mars 1855 n'a pas, sur ce point, dérogé au système du Code.

§ 6. — PRESCRIPTION DES SALAIRES

La loi a assigné à la prescription des salaires par le maître, une durée spéciale, qui est de six mois pour les ouvriers et gens de travail, pour le paiement de leurs journées, fournitures et salaires, et d'un an, pour le paiement des salaires des domestiques qui se louent à l'année. Article 2271, 3e alinéa, et 2272, 5e alinéa.

De la comparaison de ces deux articles, il ressort évidemment que la loi a voulu encore ici établir une distinction entre les gens dont le salaire est fixé à tant par an, et ceux qui sont payés à la journée, à la semaine et au mois. Mais ces deux prescriptions reposent au fond sur le même principe. Elles ont pour but d'étendre des actions qui ne sont fondées sur aucun titre écrit, et où l'on peut supposer après un certain temps que l'obligation a été acquittée.

La prescription de six mois est très-juste, en ce qui concerne les gens de journée, dont le salaire doit toujours suivre le travail, mais il serait peut être injuste qu'elle s'appliquât à cette catégorie de gens, qui, bien qu'ouvriers et gens de travail, absolument parlant, peuvent être considérés, dans leurs rapports avec celui qui les emploie, comme de véritables entrepreneurs, ni même à ceux qui, possesseurs d'un crédit réel, ne présentent leur mémoire ou n'opèrent leurs recouvrements qu'à la fin de l'année. Aussi nous inclinerions à penser que les entreprises auxquelles se livre un ouvrier, font de lui un spéculateur, et que la prescription de l'art. 2271 ne peut s'appliquer à celui qui ne fait pas le détail de son métier, mais qui prend un marché à forfait.

Cette prescription commence à compter du jour pris pour le paiement. Si l'ouvrier est payé tous les jours, elle commence tous les jours ; s'il est payé par mois ou par quinzaine, elle commence à compter du mois ou de la quinzaine.

Une prescription d'un an, édictée par le dernier paragraphe de l'art. 2272, suffit à éteindre l'action des domestiques qui se louent à l'année. L'ancienne jurisprudence décidait que l'action du serviteur ne commençait qu'après sa sortie du service, mais les termes de l'art. 2272, sont contraires à cette jurisprudence. (Ordonnance de juin 1510, art. 67).

Cette prescription commence à courir de l'expiration de l'année. Le salaire n'étant dû qu'à partir de l'expiration de l'année ou de la rupture du contrat, la créance est une, et ne peut se diviser en 365 créances prescriptibles séparément. Il est bien entendu, au reste, que l'on ne doit comprendre ici sous la dénomination de domestiques que ceux que nous avons rangés plus haut dans cette classe.

§ 7. — RESPONSABILITÉ DU MAITRE

Un auteur anglais, M. Hutcheson, a écrit dans un ouvrage philosophique : « Les dommages causés par les domestiques à « gages ne retombent que sur eux, mais les maîtres en sont « responsables lorsque c'est par leur ordre qu'ils les ont causés. »

L'art. 1384, dispose ainsi : « Les maîtres et les commettants « sont responsables des dommages causés par leurs domestiques « et préposés, dans les fonctions auxquelles ils les ont employés. » La disposition de l'article est donc conforme à la raison. On ne répond pas des actions d'autrui, mais si l'action a été commandée par le maître, elle devient son fait, et il en est responsable. L'obligation de réparer le dommage causé est une obligation personnelle et principale du maître, et la Cour de Cassation, dans un arrêt du 11 juillet 1808, a décidé que l'action en réparation pouvait être dirigée contre le maître et le commettant sans même appeler en cause le domestique ou le préposé.

Examinons les cas dans lesquels la responsabilité incombe au maître. D'abord évidemment quand le domestique agit sur son ordre exprès, car c'est le maître lui-même qui est censé agir (Limoges, 6 juin 1872), à moins cependant que la chose ordonnée ne fût criminelle en soi, car alors le domestique n'est pas obligé d'obéir, le devoir d'obéissance ne saurait en effet autoriser une action punissable, *mandato in re vetitâ parendum non fuit.* Le maître même n'est pas admis à prouver qu'il n'a pu empêcher le fait qui donne lieu à cette responsabilité. Cela résulte des diverses dispositions de l'art. 1384. Il est admis seulement à prouver que le dommage a été causé hors de l'exercice de leurs fonctions.

Le dommage causé par les domestiques dans les fonctions auxquelles on les emploie, peut l'être de deux manières, par l'action même qui leur est commandée sans aucune faute de leur part, ou par la faute qu'ils ont commise, par ignorance, maladresse ou imprudence.

Dans le premier cas, ils peuvent appeler le maître en garantie et demander à être renvoyés hors de cause, quand ils y ont été mis ;

Dans le second, le maître n'est pas moins responsable du dommage, quand même il n'eut pas été dans son pouvoir de l'empêcher, et comme tel tenu de le réparer ; ce dommage est commis dans les fonctions auxquelles il avait employé les domestiques, et alors, comme le dit la loi romaine, *reus est quod operâ malorum hominum uteretur;* dans ce cas le maître a un recours contre le domestique, en vertu du principe général consacré par l'article 1382, que toute personne doit réparer le dommage arrivé par sa faute. Il est évident que les maîtres et commettants ne sont pas responsables des délits et quasi délits, commis par leurs domestiques et préposés, hors de l'exercice de leurs fonctions, tels par exemple que les vols de fruits (arrêt du 16 juillet 1698), des rixes et des injures verbales, dont ils peuvent se rendre coupables (Cassation, 17 septembre 1806).

Ils ne peuvent être tenus non plus des amendes et dommages intérêts que les domestiques encourent pour faits de chasse, puisque l'art. 6 de la loi du 30 avril 1790, qui rend les pères responsables des délits de chasse commis par leurs fils, ne fait pas mention des domestiques. Un arrêt de Cassation, du 14 juillet 1814, a décidé qu'il en serait ainsi, pour les dépens et l'indemnité à laquelle pourrait être condamné le délinquant. Quant aux amendes, peines purement personnelles, il ne saurait y avoir de doute. Mais l'art. 28 de la loi du 3 mai 1844, leur impose cette responsabilité.

Le maître n'est pas responsable du dommage causé par son domestique dans l'exercice des fonctions auxquelles il l'emploie ordinairement, si au moment où l'accident ou l'imprudence qui ont causé le dommage se sont produits, le domestique se servait de la chose du maître pour son usage personnel. Un arrêt de la Cour de Limoges, du 27 novembre 1868, a décidé avec raison, à notre avis, que l'accident causé par l'imprudence d'un domestique, pendant qu'il conduisait la voiture et le cheval de son maître, n'engage pas la responsabilité de celui-ci, si la voiture et le cheval étaient conduits, non par ses ordres ou dans son intérêt, mais pour le compte du domestique lui-même, auquel ils avaient été prêtés pour son usage personnel.

Le maître est aussi responsable envers son domestique des accidents qui peuvent arriver à celui-ci, à l'occasion ou dans l'exercice de ses fonctions ; mais il n'en est responsable qu'autant qu'il y a eu faute ou négligence, soit de sa part, soit de la part d'un des ouvriers ou domestiques employés avec la victime au travail dans l'exécution duquel celle-ci a été blessée (Bourges, 15 juillet 1840, Cassation, 28 juin 1844, Lyon, 19 juillet 1853, et 9 décembre 1854), et l'on comprend parfaitement que cette responsabilité ait lieu dans les deux cas. Dans le premier, le maître est responsable du dommage causé par son fait ou sa faute, en vertu de l'art. 1382; dans le second, il est responsable du dommage causé par celui de ses ouvriers, par le fait de qui l'accident est arrivé, en vertu de l'art. 1384.

Cette jurisprudence des Cours de Bourges, de Lyon, et de la Cour suprême, est conforme à l'opinion de M. Larombière (Théorie des obligations sur l'art. 1384), et à celles de MM. Aubry et Rau.

Il y a des auteurs qui pensent (v. M. Sourdat, *de la Responsabilité*, tom. 2, n° 913) que l'on doit considérer comme faute le fait par un maître d'avoir exposé son domestique à un danger tel que les précautions suggérées par la prudence même la plus exacte ne pouvaient seules le faire éviter.

L'accident dont un ouvrier a été victime, par suite de l'installation vicieuse dans un atelier de machines, ayant un agencement défectueux, et dont l'approche présentait du danger, engage la responsabilité du maître, alors même que la propre imprudence de l'ouvrier en aurait été cause en partie (Paris, 4 février 1870).

Ce principe doit être appliqué évidemment avec plus de rigueur, lorsqu'il s'agit de jeunes ouvriers encore mineurs; le devoir de surveillance et de précaution qui incombe au patron, étant en ce cas plus impérieux encore. Aussi un arrêt de la Cour de Lyon, du 26 avril 1871, confirmant un jugement rendu, le 6 décembre 1870, par le tribunal de St-Etienne, décide que le maître est responsable de l'accident dont son ouvrier mineur a été victime, alors que l'ayant placé près d'une machine à vapeur en mouvement, pour un travail autre que celui qu'il lui faisait faire d'ordinaire, il n'a pas exercé la surveillance rigoureuse que lui commandaient les dangers attachés à ce nouveau travail et la présence d'autres enfants dans l'usine.

Ici, on le voit, ce n'est plus seulement la faute ou la négligence qui engagent la responsabilité du maître; il est astreint à la surveillance la plus rigoureuse. Nous ne croyons pas cependant que l'on dût étendre outre mesure la portée de cet arrêt. Dans l'espèce, la victime était un enfant, sur qui une surveillance spéciale devait être exercée, en raison de son âge et de son inexpérience, et nous ne pensons pas que le maître pût être déclaré responsable du dommage éprouvé par un ouvrier capable de connaître le danger et de l'éviter, si l'accident qui a causé ce dommage ne prouve de la part du maître que le défaut de surveillance.

Cette action en responsabilité, étant purement civile, passe contre les héritiers de celui que la loi y soumet et se prescrit par le même temps que l'obligation principale dont elle est l'accessoire.

§ 8. — DISPOSITIONS SPÉCIALES, SOIT DU CODE CIVIL, SOIT DES AUTRES CODES, RELATIVES AU CONTRAT DE LOUAGE D'OUVRAGE

En outre de l'application des grandes théories des privilèges, de la prescription et de la responsabilité au contrat de louage, le Code civil émet quelques décisions éparses que nous ne pouvons passer sous silence, sous peine d'être incomplet, non plus que certaines dispositions des autres codes également applicables aux domestiques et gens de travail. Nous allons rapidement les passer en revue, pour nous occuper plus spécialement de deux questions très-importantes, les coalitions et les livrets d'ouvriers.

D'après l'ancienne jurisprudence, en vertu de l'art. 131 de l'ordonnance de François Ier, de 1539, et de la déclaration de François II, en 1549, les domestiques ne peuvent recevoir par donations entre vifs ou à cause de mort; aujourd'hui d'après l'art. 902 du Code civil, les domestiques peuvent valablement recevoir de leurs maîtres sauf le cas de suggestion.

L'art. 109 du Code dit que les domestiques ont leur domicile chez leur maître, bien entendu si le domestique est capable d'avoir un domicile propre, car une femme mariée ne cesse pas, quoique domestique, d'avoir son domicile chez son mari. La règle de l'art. 109, s'applique aussi bien aux domestiques qui avaient un domicile avant d'entrer au service qu'à ceux qui n'en avaient pas (Bordeaux, 8 avril 1829).

Dans les enquêtes, le juge doit demander aux témoins s'ils sont domestiques et serviteurs des parties (art. 35 du Code de procédure), et dans ce cas, aux termes de l'art. 283 du même Code, ils pourront être reprochés (cf. article 251 du Code civil).

Dans les saisies-exécutions, les domestiques du saisissant ne pourront être établis gardiens (art. 598, proc.), ceux du saisi au contraire pourront l'être de leur consentement et de celui du saisissant.

Quand une succession est ouverte et que le conjoint du défunt ou ses héritiers seront absents, ses serviteurs et domestiques pourront, aux termes de l'art. 909 du Code de procédure, requérir les scellés.

Aux termes de l'art. 75 et autres du Code d'instruction criminelle, le juge d'instruction, le président du tribunal correctionnel et le président de la Cour d'Assises, doivent demander aux témoins s'ils sont domestiques de l'accusé ou de la partie civile.

Le Code pénal voyant dans la qualité de domestique ou d'homme de services à gages, une aggravation de faute a dans les articles 386, alinéa 3, et 408, puni le vol domestique de la réclusion, qu'il s'agisse d'un vol simple ou d'un abus de confiance. Mais il a été jugé que le fait par un domestique, qui a reçu chaque semaine une somme fixe, à la charge de pourvoir à la nourriture de la maison, de s'être fait ouvrir chez les fournisseurs, au nom et à l'insu du maître, des comptes à crédit qu'il n'a pas soldés (Paris, 16 avril 1852), constitue une escroquerie vis-à-vis des marchands et non un abus de confiance à l'égard du maître. Il y a abus de confiance, par abus de mandat, dans le fait d'un domestique qui s'approprie en entier, un pourboire qu'il devait partager avec un autre domestique (Liège, 4 avril 1860). Mais on ne peut voir un abus de confiance dans le fait par un valet de ferme, d'avoir disposé à son profit des arrhes qu'il a reçues de plusieurs maîtres, sans avoir exécuté les engagements, parce que les arrhes ou denier à Dieu ne constituent ni un nantissement, ni un dépôt, dans le sens juridique de ces deux mots.

Le viol commis par un domestique sur la personne de sa maîtresse, est puni des travaux forcés à perpétuité (art. 333 du Code Pénal). Il en est de même de l'attentat aux mœurs, commis par un domestique sur une personne attachée au même maître (Cassation, Chambre criminelle, 16 mars 1861).

Il existe en outre, relativement aux domestiques et ouvriers, relativement surtout aux ouvriers, un certain nombre de lois spéciales, entre autres : la loi du 9 septembre 1848, et le décret du 31 janvier 1866, relatifs à l'organisation du travail et aux heures du travail dans les manufactures ; la loi du 22 février 1851, sur l'apprentissage; les lois du 11 mai 1851 et du 22 juin 1851, et le décret du 30 avril 1855, sur les livrets d'ouvriers, etc.

Plusieurs projets de loi relatifs aux questions ouvrières ont été soumis à l'Assemblée nationale actuelle. La 3e délibération sur l'un d'eux, relatif au travail des enfants dans les manufactures, présenté par M. Ambroise Joubert, est à l'ordre du jour de l'Assemblée. Le rapport de M. Tallon, sur ce projet, est inséré au *Journal Officiel* du 30 mai 1872. Ce projet de loi est destiné à modifier la loi du 22 mars 1841.

Il ne nous reste pour compléter la théorie du louage de services, qu'à établir le juge compétent pour régler les différends entres les maîtres et les domestiques, les patrons et les ouvriers, et à consacrer quelques lignes à deux questions, qui, bien que n'étant qu'un accessoire du contrat de louage de services, ont trop d'importance pour que nous puissions, sans laisser une lacune dans notre étude, les passer sous silence. Nous voulons parler des coalitions d'ouvriers réglées par la loi du 25 mai 1864,

portant abrogation des art. 414, 415 et 416 de l'ancien Code pénal, et des livrets d'ouvriers.

§ 9. — DES TRIBUNAUX COMPÉTENTS POUR RÉGLER LES CONTES-TATIONS DES DOMESTIQUES AVEC LEURS MAITRES, DES OUVRIERS AVEC LEURS PATRONS.

L'art. 5 de la loi du 25 mai 1838, sur les justices de paix,
porte : Les juges de paix connaissent sans appel jusqu'à la valeur de 100 francs et à charge d'appel à quelque valeur que la
demande puisse s'élever... des contestations relatives aux engagements respectifs des gens de travail, au jour, au mois et à
l'année, et de ceux qui les emploient, des maîtres et des domestiques ou gens de services à gages, des maîtres et de leurs ouvriers et apprentis, sans néanmoins qu'il soit dérogé aux lois et
aux règlements relatifs à la juridiction des prud'hommes.
La loi de 1790 portait : Le juge de paix connaîtra sans appel
jusqu'à concurrence de 50 livres, et à charge d'appel à quelque
valeur que la demande puisse monter... du paiement des salaires des gens de travail, des gages des domestiques et de l'exécution des engagements respectifs des maîtres et de leurs domestiques ou gens de travail. Les termes de la loi sont à peu
près identiques, et cette compétence a été ainsi fixée, parce que
tout homme qui vit au jour le jour doit obtenir promptement
son salaire.
Mais cette compétence attribuée aux juges de paix, pour
toutes les contestations relatives aux engagements respectifs des
maîtres et gens de travail, domestiques et ouvriers, ne s'applique
évidemment qu'aux contestations qui résultent entre ces personnes, du contrat même de louage de services ou d'industrie, et
non pas aux engagements qui résulteraient d'une autre cause,
d'un billet par exemple pour argent prêté, consenti au maître

par le domestique ou réciproquement, et pour employer les termes d'un arrêt de la Chambre des requêtes, du 22 frimaire an IX, la loi ne donne aux juges de paix de compétence pour prononcer sur les engagements respectifs des maîtres et des domestiques, qu'autant que ce qui est réclamé à titre de semblables engagements tient nécessairement aux rapports de la domesticité.

Une question très-controversée est celle de savoir quels sont les tribunaux compétents pour régler les contestations intervenues entre les entrepreneurs de spectacles publics et les artistes lyriques et dramatiques. Les tribunaux de commerce à qui ces affaires ont été soumises, ont presque toujours considéré les engagements des acteurs comme des actes de commerce et se sont rarement déclarés incompétents. Un certain nombre de Cours d'Appel se sont aussi prononcées pour la juridiction commerciale, et cependant la majorité des auteurs ne peut voir dans ces engagements un acte de commerce.

Les partisans de la juridiction commerciale, s'appuient sur l'art. 632 du Code de commerce, qui déclare acte de commerce *toute entreprise de spectacles publics*, ou sur l'art. 634 du même Code, qui dispose que les tribunaux de commerce connaîtront des actions contre les *facteurs, commis des marchands ou leurs serviteurs pour le fait du trafic du marchand auquel ils sont attachés.*

Nous ne croyons aucune de ces interprétations acceptable et nous allons les réfuter successivement en peu de mots.

Les artistes dramatiques ou lyriques, qui engagent leur talent au profit de telle ou telle administration théâtrale, ne peuvent être considérés comme spéculant sur l'engagement de leurs services, sur l'habileté du directeur de la troupe dont ils font partie, et comme faisant de l'exercice de leur art l'objet d'un trafic commercial. Si par hypothèse on admettait cette opinion, on arriverait logiquement à des résultats qui démontreraient la fausseté du système, car l'on devrait regarder comme faisant des actes de commerce, non-seulement l'acteur en vogue ou la diva en renom, mais encore le machiniste qui préside au mouvement et à l'agencement des trucs, le souffleur, l'allumeur de quinquets, chose à laquelle n'ont jamais pensé sans doute les défenseurs de l'opinion que nous combattons.

Sans doute on pourrait dire que c'est la troupe, être collectif, qui forme l'entreprise théâtrale, dont le directeur n'est que le chef, et qu'en conséquence tous ceux qui la composent tombent directement sous le coup de l'art. 632. Nous avouons que l'objection est spécieuse et mériterait une sérieuse réfutation, si la pratique ne la démentait. Est-ce qu'il existe en effet dans une troupe d'acteurs où chacun stipule pour son compte, où les engagements des uns sont essentiellement indépendants des engagements des autres, où la rétribution de l'un est indépendante de la rétribution des autres, une solidarité quelconque? Est-ce qu'il est permis de dire que cette diversité d'intérêts forme un être collectif, une entreprise sociale dont le directeur, au demeurant, seul responsable et seul profitant des bénéfices, peut être considéré comme le chef. Que l'on consulte les usages des entreprises théâtrales. L'entreprise réside dans le directeur, c'est à lui qu'il appartient de réunir les talents, de les combiner, d'amener la bonne interprétation des œuvres qui lui sont confiées; s'il se trompe, seul il est passible des dettes; s'il réussit, c'est à lui seul que les bénéfices sont acquis; il ne doit aux artistes que la rétribution convenue, sans être obligé d'y rien ajouter où d'en rien retrancher quels qu'aient été les succès obtenus ou les revers subis par l'entreprise. L'acteur, de son côté, pour ce qui concerne ses engagements, n'a de rapports qu'avec le directeur. En un mot, l'acteur n'est qu'un agent d'exploitation. Si la coopération est l'objet d'un trafic, ce n'est que de la part du directeur, qui, seul est spéculateur, qui, seul peut être considéré comme faisant les actes de commerce dont il est question dans l'art. 632.

Les acteurs peuvent-ils être considérés comme les *facteurs ou commis du directeur*, ce qui aux termes de l'art. 634, les rendrait justiciables des tribunaux de commerce. Nous avons déjà dit que

le privilége que l'art. 549 du Code de commerce accorde aux
employés d'un commerçant failli devait leur être refusé ; nous
ne saurions, à propos d'une question de compétence, adopter
une autre opinion. D'ailleurs une bonne définition des mots facteurs et commis coupe court à toute controverse. Le facteur est
celui à qui le propriétaire d'un établissement commercial con-
fère le droit de le remplacer dans son commerce ; le commis est
une personne chargée, comme préposé ou mandataire, d'une
partie du travail de la maison. Et comme le dit un arrêt de la
Cour de Cassation, du 24 février 1864, l'acteur qui se renferme
dans l'exercice de son art et ne fait aucune opération pour son
directeur ne peut être considéré comme un facteur ou comme
un commis.

Les arrêts rendus en sens divers sur cette question, par les
tribunaux civils, les Cours d'Appel, et la Cour suprême elle-
même, sont nombreux ; qu'il nous suffise de citer :

Pour l'affirmative, c'est-à-dire pour la juridiction commerciale : Tribunal de commerce de la Seine, du 24 janvier 1834, et
du 25 juin 1865 ; Cour de Paris, du 5 mai 1808, et 11 juillet 1825 ;
Amiens, 7 mai 1839 ; Bordeaux, 9 décembre 1844 ; Montpellier,
25 mars 1862 ; Pau, 29 juillet 1865 ; Bordeaux, 1er avril 1867 ;
Tribunal de 1re instance de Toulouse, 1re chambre, 17 février
1870 ; Nîmes, 11 mars 1870.

Pour la négative : Aix, 10 mars 1861 ; Toulouse, 22 décembre
1866 ; Cassation, 24 février 1864.

Les contestations entre les ouvriers des manufactures et les
fabricants sont de la compétence des conseils de prud'hommes.

Les conseils de prud'hommes forment une juridiction à la fois
civile et criminelle, ayant pour objet de concilier ou de juger
les différends qui s'élèvent soit entre les fabricants et les
ouvriers, soit parmi les ouvriers entre eux, et de punir les contraventions de police qui se commettent dans les ateliers. Ce
sont en quelque sorte les juges de paix de l'industrie.

L'origine des prud'hommes (*homo prudens*), remonte au

règne de Phillippe le Bel. En 1296 une délibération du Conseil de la ville de Paris créa 24 prud'hommes.

La création des prud'hommes de Lyon remonte à un édit donné à Nogent-le-Roi, en 1464.

La loi du 18 mars 1806, en rétablissant à Lyon le *Tribunal commun* qui jugeait les différends entre patrons et ouvriers, établit pour la première fois ce que nous appelons encore un conseil de prud'hommes, avec la faculté pour le gouvernement d'étendre le bienfait de cette institution à toutes les autres villes de fabrique et de manufacture, au moyen d'un règlement administratif. A l'heure où nous écrivons, il est bien peu de villes industrielles où ne fonctionne un de ces conseils. Le premier qui ait été établi à Paris, l'a été par ordonnance du 29 décembre 1844. Une ordonnance du 9 juin 1847 y en a créé trois nouveaux.

Mais jusqu'à la révolution de 1848, on put reprocher à ces conseils l'exclusion presque totale des ouvriers pour leur formation, et la trop grande prépondance qu'elle donnait aux patrons. Le Gouvernement de 1848 ne pouvait laisser subsister les inégalités que consacraient les lois relatives aux prud'hommes. Aussi un décret du 25 mai 1848, opéra une révolution complète dans l'organisation de ces conseils. On fit deux assemblées distinctes, l'une d'ouvriers présidée par le juge de paix, l'autre de patrons présidée par le suppléant du juge de paix. Les patrons et les ouvriers procédaient, dans leurs catégories respectives, à la désignation par scrutin de liste d'un nombre de candidats triple de celui des membres à nommer (décret du 27 mai 1848, art. 4). Cette liste était affichée, et huit jours après les ouvriers choisissaient les prud'hommes patrons, sur la liste dressée par les patrons, et ceux-ci choisissaient les prud'hommes ouvriers sur la liste dressée par les ouvriers.

Ce mode de nomination était excellent, car il est bien certain que chaque groupe d'ouvriers ou de patrons ne choisissait dans l'autre que les hommes que l'on savait être le plus sympathique au groupe dont il faisait partie; en somme, les juges nommés représentaient surtout l'idée de rapprochement et de transaction. Destinés à faire surtout de la conciliation, leur mode de nomination les prédisposait tout naturellement à l'organiser sérieusement.

Malheureusement des questions de détail rendirent cette organisation des conseils de prud'hommes très-défectueuse. On avait placé les contre-maîtres et les chefs d'ateliers dans la catégorie des patrons. Ils formaient la majorité de l'assemblée des patrons, et comme ils pouvaient être élus prud'hommes patrons, les véritables patrons se trouvaient toujours en minorité dans les conseils; se fiant alors très-peu à l'impartialité des conseils, ils cherchaient tous les moyens de se soustraire à une juridiction qui leur était suspecte, et quand ils étaient obligés de la subir, ils appellaient des jugements devant les tribunaux de commerce, et les ouvriers avaient à supporter les frais qu'entraînent les frais de juridiction supérieure même pour ceux qui gagnent leurs procès.

Une autre défectuosité de la loi consistait à faire changer tous les trois mois les présidents des conseils. A peine un président commençait-il à se familiariser avec les difficultés de sa position, avec l'accomplissement des devoirs attachés à sa charge, qu'il devait céder la place à un autre. De cette mobilité résultait un défaut complet d'unité et d'esprit de suite, dans la direction du conseil, et plus d'un président inexpérimenté faisait son apprentissage aux dépens de la bonne administration de la justice.

C'est à ces inconvénients et à quelques autres moins importants, que la loi du 1er juin 1833, encore en vigueur, a eu pour but de remédier. Nous allons l'étudier en détail.

L'article 1er porte, que les conseils de prud'hommes seront établis par décrets rendus dans la forme des règlements d'administration publique. L'art. 2 du décret du 11 juin 1809, exigeait l'avis préalable des Chambres de commerce ou des Chambres consultatives des arts et manufactures; cette disposition est maintenue. Cet article fixe aussi le minimum des membres de ces conseils qui est de 6, non-compris le vice-président et le président. La commission préféra se borner à fixer ainsi le minimum, et laisser à l'administration assez de latitude, pour qu'elle pût déterminer le nombre des membres selon les exigences de chaque localité.

Les articles 2 à 11 règlent le mode de nomination des présidents, vice-présidents, secrétaires et membres des conseils, les conditions d'électorat et d'éligibilité.

Les présidents et vice-présidents sont nommés par le Chef du pouvoir exécutif; ils peuvent être pris en dehors des éligibles; leurs fonctions durent 3 ans. Ils peuvent être réélus (art. 3).

Ce mode de nomination si différent de celui établi par le décret de 1848, peut donner lieu à de sérieuses critiques de la part de ceux qui n'admettent aucune nomination par le gouvernement, mais à notre avis deux excellentes dispositions sont : celle qui fixe la durée des fonctions de président à trois ans, et celle qui permet au gouvernement de prendre le président en dehors des éligibles. Sans doute il devra user le moins possible de cette faculté, mais il peut se rencontrer des circonstances où il est prudent de ne choisir le président ni parmi les patrons ni parmi les ouvriers.

Les secrétaires des conseils sont nommés et révoqués par les préfets sur la proposition du président. La commission avait pour but de rendre facile la révocation de ces secrétaires dans le cas où ils n'exerceraient pas l'action que leur donne leur rôle, d'une manière conforme à l'esprit de l'institution et aux devoirs qu'il leur impose. Mais pour les mettre à l'abri d'une révocation intempestive, ou pour qu'ils ne fussent pas tout à fait indépendants du conseil, la nomination et la révocation ne peuvent avoir lieu que sur la proposition du président.

Les membres des conseils de prud'hommes sont nommés par les patrons, chefs d'ateliers, contre-maîtres et ouvriers, appartenant aux industries dénommées dans les décrets d'institution. Ils concourent à cette élection, lorsqu'ils réunissent les conditions d'âge et de domicile exigées par l'art. 4, savoir : être âgé de 25 ans, être patenté depuis 5 ans et domicilié depuis trois ans dans la circonscription du conseil, pour les patrons; être âgé de 25 ans, exercer son industrie depuis 5 ans, être domicilié depuis 3 ans dans la circonscription du conseil, pour les chefs d'ateliers, contre-maîtres, ouvriers.

Tous les électeurs âgés de 30 accomplis, sachant lire et écrire sont éligibles. Sont incapables d'être électeurs ou éligibles, les étrangers et ceux que la loi électorale du 2 février 1852, prive du droit de prendre part aux élections politiques. Les dépositaires de l'autorité judiciaire ne doivent pas émaner d'une source moins pure que les dépositaires de l'autorité législative.

Dans chaque commune, le maire, assisté de deux assesseurs choisis par lui, l'un parmi les patrons, l'autre parmi les ouvriers, inscrit les électeurs sur un tableau qu'il adresse au préfet. Celui-ci dresse et arrête la liste électorale (art. 7).

Pour le recours en cas de réclamation, l'art. 8 décide qu'il sera ouvert soit devant les conseils de préfecture, soit devant les tribunaux civils, suivant les distinctions établies par la loi sur les élections municipales.

L'art. 9 est relatif au mode de votation. Il ordonne la réunion des patrons d'une part et des ouvriers de l'autre, en assemblées séparées et par catégories, pour élire un nombre égal les uns de prud'hommes patrons, les autres de prud'hommes ouvriers. Les contre-maîtres et chefs d'ateliers sont rangés comme ils auraient dû l'être parmi les ouvriers et cette disposition constitue la différence la plus tranchée entre la loi de 1853 et le décret de 1848.

Les conseils de prud'hommes sont renouvelés par moitié tous les trois ans (art. 10). Les mutations sont ainsi moins fréquentes, ce qui est une garantie de l'expérience des membres des conseils; et l'agitation que toute élection entraîne après elle, quand elle met en mouvement de nombreux électeurs, ne se reproduira qu'à de longs intervalles. Toutefois, pour parer à toutes les éventualités, le préfet pourra, quand les exigences du service l'exigeront, procéder au remplacement des membres décédés, démissionnaires ou frappés d'incapacité légale. Tout membre ainsi élu en remplacement d'un autre ne doit demeurer en fonctions que pendant la durée du mandat confié à son prédécesseur. Les membres des conseils de prud'hommes sont indéfiniment rééligibles. Les conseils de prud'hommes peuvent être dissous par décret du Chef de l'Etat sur la proposition du ministre compétent (art. 16).

Nous venons de voir comment sont composés ces conseils; nous devons voir maintenant comment ils fonctionnent.

Le rôle des prud'hommes, étant d'être tantôt conciliateurs, tantôt juges, le conseil se divise en deux bureaux, le bureau de conciliation et le bureau général ou de jugement.

Le bureau de concilation se compose de deux membres l'un patron, l'autre ouvrier, sous la présidence du président ou du vice-président, et devra tenir au moins une audience par semaine.

Le bureau général devait, aux termes du décret de 1809, être composé des deux tiers des titulaires; le décret de 1848, fixa pour tous les conseils le nombre des membres du bureau général à huit : quatre patrons et quatre ouvriers. L'art. 11 de la loi du 1er juin 1853, réduit le minimum à 5 y compris le président ou le vice-président, qui devront toujours présider le bureau, ayant pour assesseurs au moins deux prud'hommes patrons et deux prud'hommes ouvriers ; si ce nombre est dépassé, il faut une parfaite égalité entre les deux éléments qui doivent composer le bureau.

Les affaires soumises au bureau général, sont soumises au préliminaire de la conciliation. Les jugements sont signés par le président et le secrétaire, comme les jugements des tribunaux civils et de commerce. On doit se borner à indiquer le nom des membres présents (art. 12).

L'art. 13 relatif au droit d'appel, contient une grave innovation; jusqu'à la loi de 1853, c'était le chiffre de la condamnation et non celui de la demande qui établissait le chiffre du dernier ressort, dérogation au droit commun qui établissait une différence entre les parties, suivant que les localités habitées par elles, étaient ou non dotées d'un conseil de prud'hommes. En l'absence ou après une dissolution de ce conseil, la contestation devait être portée devant le juge de paix, et la loi de 1838 sur les justices de paix fixe le chiffre du dernier ressort d'après la demande.

L'art. 13 de la loi du 1er juin 1853 décide que les jugements des conseils de prud'hommes sont définitifs et sans appel, lorsque le chiffre de la demande n'excède pas deux cents francs en capital. Au-dessus de ce chiffre, les jugements sont sujets à l'appel devant le tribunal de commerce.

L'art. 14 modifie l'art. 3 du décret du 3 août 1810, qui ordonne de plein droit l'exécution provisoire sans caution jusqu'à concurrence de 300 francs. D'une part, il réduit à 200 francs la somme pour laquelle il peut y avoir dispense de caution, et, d'autre part, il laisse au conseil la liberté d'accorder ou de refuser cette dispense, selon les circonstances de la cause. Amélioration évidente, car il est bon que le tribunal reste juge de l'opportunité d'une mesure aussi grave que l'exécution sans caution qui, dans tous les cas, doit être limitée au chiffre déterminé pour le dernier ressort ; autrement on s'expose à annuler directement le droit d'appel, quand la partie, au profit de qui elle est prononcée, est peu solvable.

L'art. 15 qui n'est que la reproduction de l'art. 156 du code de procédure civile, fixe une péremption de 6 mois pour les jugements par défaut.

Dans les localités où il n'existe pas de prud'hommes, ou bien quand les conseils auront été frappés de dissolution, la connaissance des contestations entre les patrons et les ouvriers sera de la compétence des juges de paix.

§ 10. — DES COALITIONS.

La question des coalitions est une des plus fécondes en difficultés, de notre matière, parce qu'elle touche aux intérêts les
plus puissants de l'industrie, à la question de la liberté du travail, aux rapports des maîtres et des ouvriers.

On appelle coalition, de *Coïre*, l'accord de plusieurs personnes tendant à faire cesser entre elles la concurrence et à
produire par là la hausse ou la baisse du prix du travail. Il peut y
avoir coalition entre les ouvriers contre les maîtres, entre les
maîtres contre les ouvriers, et l'une et l'autre sont des délits
prévus et punis par notre Code pénal.

La loi du 2 mars 1791 avait supprimé les maîtrises et jurandes;
la loi du 14 juin de la même année eut pour objet d'empêcher
les coalitions de porter atteinte à la liberté commerciale. L'article 4 prononce contre les auteurs, chefs et instigateurs qui les
auront provoquées, une amende de 500 livres avec suspension de
l'exercice, pendant un an, de tout droit de citoyen actif, et l'exclusion des assemblées primaires. Cette peine était encourue
alors même qu'il n'y aurait eu qu'une simple convention ou délibération sans commencement d'exécution, si à cette convention étaient jointes des menaces contre les entrepreneurs, artisans, ouvriers ou journaliers qui viendraient travailler, ou
contre ceux qui se contenteraient d'un salaire inférieur; les
articles 6,7 et 8, prononçaient une amende de 1000 livres et un
emprisonnement de trois mois contre les auteurs et instigateurs.

Cette loi ne punissait que les coalitions d'ouvriers contre les
patrons. La loi du 28 septembre punit les coalitions des maîtres
contre les ouvriers, et punit également les coalitions des maîtres
et ouvriers de la campagne.

La loi du 22 germinal an XI, punit les coalitions de patrons

7

d'un emprisonnement d'un mois, et d'une amende de 100 à 3,000 francs, les coalitions d'ouvriers d'un emprisonnement de trois mois.

Le Code pénal de 1810 punit les coalitions de patrons d'un emprisonnement de 6 jours à un mois et d'une amende de 200 à 3,000 francs; (art. 414); les coalitions d'ouvriers d'un emprisonnement de un mois à trois mois (art. 415), les chefs ou moteurs de ces coalitions purent être punis d'un emprisonnement de deux à cinq ans, et en outre être mis, à l'expiration de leur peine, sous la suveillance de la haute police.

Sous l'empire de ces lois, la coalition des patrons n'était considérée comme un délit qu'autant qu'elle tendait *injustement* et *abusivement* à abaisser le taux des salaires, les coalitions d'ouvriers étaient punies alors même que les réclamations auraient été fondées.

Cette inégalité de situation et l'inégalité des peines ne pouvaient subsister après que la constitution de 1848, eût proclamé, dans son article 13, l'égalité des patrons et des ouvriers. Le 10 juillet 1848, la proposition d'abroger les articles 414, 415 et 416 du Code pénal fut faite à l'assemblée constituante. Cette assemblée s'étant séparée sans avoir délibéré sur la question, l'assemblée législative modifia ces articles dans la loi du 27 novembre 1849, votée sur le rapport de M. de Vatimesnil.

Le changement fait au Code consista surtout à effacer les mots *injustement* et *abusivement* et à réunir dans les mêmes articles la défense faite aux maîtres et ouvriers. Toute coalition fut interdite pour les patrons comme pour les ouvriers quels qu'en fussent les motifs, les moyens, et le résultat.

En 1863, une pétition fut adressée au Sénat en faveur du droit de coalition. Le Sénat, après un rapport dont l'auteur s'appliquait à montrer les abus de la coalition en Angleterre, passa à l'ordre du jour.

Le Corps législatif n'était pas plus favorable à une proposition de M. Morin ; mais comme aussitôt qu'une condamnation était prononcée par les tribunaux, l'empereur faisait grâce, les ministres pouvaient dire avec raison que l'on n'avait, en cette matière, ni l'avantage d'une législation pénale empreinte de sévérité, ni l'honneur et le bénéfice d'une législation libérale.

Dans le discours de la couronne, en 1864, l'empereur annonça un projet modifiant la loi sur les coalitions. Le Conseil d'Etat saisi, prépara une réforme des art. 414, 415 et 416 du Code pénal, fondée sur une distinction à établir entre la coalition accompagnée de violences ou de manœuvres coupables, et la coalition simple, aggravant pour la première les peines édictées, et affranchissant la seconde de toute peine.

La commission modifia le projet. Le rapport fut confié à M. Ollivier, et malgré l'opposition de ceux qui auraient voulu l'abrogation pure et simple de ces 3 articles sous prétexte que nos codes avaient édicté bien assez de peines contre les violences et contre l'intimidation pour que les juges ne fussent pas désarmés, le projet de la commission fut voté le 3 mai 1864, par 222 voix contre 36.

Au Sénat, la loi souleva de vives objections. On lui fit, outre les considérations économiques, la double objection de porter atteinte à la liberté individuelle et à la propriété.

Le Sénat ne s'étant pas opposé à la promulgation, la loi du 25 mai 1864, modifia ainsi qu'il suit les art. 414, 415 et 416 du Code pénal :

Art. 414. — Sera puni d'un emprisonnement de 6 jours à 3 ans et d'une amende de 16 à 3,000 francs, ou de l'une de ces deux peines seulement, quiconque, à l'aide de violences, voies de fait, menaces, manœuvres frauduleuses, aura amené ou maintenu, tenté d'amener ou de maintenir une cessation concertée du travail, dans le but de forcer à la hausse ou à la baisse des salaires, ou de porter atteinte au libre exercice de l'industrie et du travail.

Art. 415.—Lorsque les faits punis par l'art. précédent auront été commis par suite d'un plan concerté, les coupables pourront être mis par l'arrêt ou le jugement sous la surveillance de la haute police pendant deux ans au moins et cinq ans au plus.

Art. 416. — Seront punis d'un emprisonnement de six jours à trois mois, et d'une amende de 16 à trois cents francs, ou de l'une de ces peines seulement, tous ouvriers, patrons et entrepreneurs d'ouvrages, qui, à l'aide d'amendes, défenses, prescriptions, interdictions prononcées par suite d'un plan concerté, auront porté atteinte au libre exercice de l'industrie et du travail.

D'après l'article 2 de la loi du 25 mai 1864, les dispositions de ces articles sont applicables aux propriétaires et ouvriers de la campagne.

Cette loi encore en vigueur a apporté aux législations qui l'ont précédée, une modification importante. La coalition simple n'est plus punie, parce que comme le dit l'exposé des motifs, elle n'a pas en elle-même de caractère illicite, et que renfermée dans de justes limites elle n'offre de dangers sérieux et durables ni pour l'industrie ni pour l'ordre public. Qu'est ce en effet que la coalition simple? un concert, une union entre ceux qui travaillent ou font travailler, s'entendant librement pour fixer les conditions du travail. Jusque-là, quoi de répréhensible? mais là où la loi, et avec grande raison, a édicté des peines sévères, c'est lorsqu'elle s'est trouvée en présence de ceux qui, par la menace, la violence ou des moyens quelconques d'intimidation provoquent et souvent contraignent les ouvriers ou les patrons à la coalition, ou des auteurs des faits coupables ou attentatoires à la liberté du travail, qu'énumère l'art. 415.

Telle était la pensée du gouvernement; son but a-t-il été atteint? Les condamnations ont-elles cessé d'être prononcées en vertu des art. 414, 415 et 416? Non. Il y a et il y aura encore des menaces et des violences, parfois même des émeutes sanglantes. La faute en est-elle à la loi? Non, mais à nos mœurs, à cette lutte sourde et trop souvent attisée entre le patron et l'ouvrier, entre lesquels un accord si désirable pourtant n'est peut être hélas! qu'une utopie. La faute en est à ceux qui ne répètent pas assez haut : que même exemptes de violences, les coalitions et les grèves ont toujours de douloureuses conséquences pour les ouvriers qui y ont recours, car la perte de salaire qui en est le résultat est pour eux une perte irréparable et sans compensation.

Qu'a voulu entendre la loi par ces mots : violences, menaces, etc.? Un arrêt de la Chambre criminelle de la Cour de Cassation, du 5 avril 1867, nous paraît en avoir fixé la véritable portée. Les menaces, dont l'emploi est réprimé par l'art. 414, ne s'entendent pas seulement des menaces de voies de faits, telles que les caractérisent les art. 205 et suivants du Code pénal, mais aussi des simples menaces d'interdiction de travail. Toute menace est punissable dès qu'elle a pu avoir pour résultat d'agir violemment ou frauduleusement sur la volonté de l'ouvrier ou sur celle du patron. La loi n'a pas voulu que les résolutions prises par les ouvriers, collectivement, gênent la liberté individuelle de chacun d'eux; elle a voulu qu'un ouvrier libre d'entrer dans une coalition fût également libre d'en sortir à son jour, à son heure, sans avoir à compter soit avec ses compagnons d'atelier, soit avec des comités représentant ou prétendant représenter la masse. Elle a voulu le mettre à l'abri non-seulement des voies de fait, mais encore de toute contrainte morale. Le mot menace, comme les mots violences, manœuvres frauduleuses, doivent être d'ailleurs pris dans le sens le plus large. Le législateur a employé des expressions générales, dont on ne doit pas restreindre la portée.

§ 11. — DES LIVRETS D'OUVRIERS

Nous avons déjà dit que l'ordonnance de 1567, exigeait, des domestiques qui changeaient de maîtres, une déclaration écrite de congé. Des garanties semblables se rencontraient en ce qui concernait les ouvriers dans les congés d'acquit et les livrets qui les remplacèrent.

Les congés d'acquit étaient, sous le régime des corporations, destinés à retenir les compagnons et apprentis dans les limites étroites et jalouses des professions strictement définies et séparées.

Des lettres patentes du 12 septembre 1749, généralisèrent l'usage des congés d'acquit, et des lettres patentes dues en 1781 à l'inspiration de Turgot, ordonnèrent pour la première fois la tenue du livret.

Le livret d'un ouvrier est un petit livre contenant les nom et prénoms de cet ouvrier, son âge, son lieu de naissance, son signalement, et sur lequel s'inscrivent la date où il est entré dans un établissement industriel pour y travailler et celle où il en sort, et sur lequel s'inscrivent également, à la sortie de l'ouvrier, l'acquit de ses engagements envers le chef de l'établissement qu'il a quitté, et s'il y a lieu le montant des avances dont il reste redevable.

La constituante avait aboli le livret, la loi du 22 germinal, an XI, et l'arrêté consulaire du 9 frimaire an XII le rétablirent; un décret du 3 janvier 1813 en étendit l'obligation aux ouvriers des mines. Le gouvernement de juillet fit présenter à la Chambre des pairs, le 31 janvier 1845, un projet de loi sur les livrets d'ouvriers. Ce projet fût, d'après un rapport de M. Beugnot, du 16 mai de la même année, discuté par la chambre des pairs les 9 et 12 février 1846, mais comme il ne subit pas l'examen de la Chambre des députés, il est resté à l'état de tentative; le livret d'ouvrier est aujourd'hui régi par les lois du 14 mai 1851, du 22 juin 1854 et par le décret du 30 avril 1855.

Nous allons passer en revue les dispositions de ces différentes législations.

La loi du 22 germinal an XI portait dans son article 12 : nul ne pourra recevoir un ouvrier s'il n'est porteur d'un livret portant le certificat d'acquit de ses engagements, délivré par celui de chez qui il sort. Il semblait entendu que cette obligation dût être appliquée à toutes sortes de manufactures, fabriques ou ateliers, mais l'art. 1er de l'arrêté du 9 frimaire an XII avait restreint l'obligation du livret aux compagnons et garçons.

Cette désignation ne pouvait s'appliquer aux ouvriers des mines et carrières, ni à ceux qui travaillent dans un grand nombre de chantiers ou même d'ateliers. Le décret du 3 janvier 1813, a comblé une partie de cette lacune. Dans son art. 26, il a étendu l'obligation du livret et les dispositions de l'arrêté du 9 frimaire an XII, à tout mineur de profession ou autre ouvrier employé, soit à l'intérieur, soit à l'extérieur, dans l'exploitation des mines et minières, usines et ateliers en dépendant.

Le projet de loi, voté par les pairs en 1816, portait que le montant des avances dont le privilège est conservé au maître par la mention apposée sur le livret serait limité à la somme de 30 francs ; que le livret visé gratuitement par le maire de la commune où travaille l'ouvrier, lui tiendrait lieu de passeport à l'intérieur ; et enfin que toute contravention aux lois et règlements sur la matière serait punie d'une amende de 1 fr. à 15 fr., sans préjudice des dommages et intérêts s'il y a lieu et aussi, le cas échéant, d'un emprisonnement de 1 jour à 5 jours.

Ce projet n'ayant pas été discuté par la Chambre des députés, les dispositions de la loi du 22 germinal an XI, de l'arrêté du 9 frimaire an XII, et du décret du 3 janvier 1813, étaient en vigueur lorsque le 2 février 1850, MM. Lanjuinais et Seydoux, soumirent à l'assemblée nationale un projet de loi sur la matière. Le 8 juin de la même année, M. Dumas, ministre de l'agriculture et du commerce, présenta le projet du gouvernement. Ces deux projets refondus en un par une commission spéciale dont le rapporteur fut M. Salmon (de la Meuse) sont devenus la loi du 14 mai 1851.

Cette loi a modifié les art. 7, 8 et 9 de l'arrêté du 9 frimaire an XII. En vertu de ces articles, le chef d'industrie qui avait fait des avances à un ouvrier était autorisé à le retenir, en se saisissant de son livret, jusqu'à ce qu'il eût acquitté intégralement sa dette ; s'il le laissait partir, il avait le droit d'inscrire sur le livret le montant de ses avances, et tous ceux qui employaient ultérieurement l'ouvrier étaient tenus de faire subir à celui-ci, jusqu'à son entière libération, une retenue sur le produit de son travail, cette retenue pouvait être de 2 dixièmes.

La loi de 1851 décide que le chef d'industrie n'a dans aucun cas le droit de retenir le livret et par cela même la personne de l'ouvrier, en se fondant sur ce qu'il lui aurait fait des avances. (Art. 1er) Du moment que l'ouvrier a terminé l'ouvrage qu'il s'était engagé à faire et qu'il a travaillé pendant le temps réglé, soit par le contrat de louage, soit par l'usage des lieux, il a le droit d'exiger la remise de son livret et la délivrance de son congé. Le patron conserve le droit d'inscrire sur le livret les avances qu'il a consenties afin d'en obtenir le recouvrement par le moyen d'une retenue sur les salaires ultérieurs, mais jusqu'à concurrence de 30 fr. seulement et la retenue ne peut excéder un dixième (art. 4 et 5).

Les contestations qui pourraient s'élever relativement à la délivrance des congés ou à la rétention des livrets sont de la compétence des conseils de prud'hommes et, dans les lieux où ces conseils n'existeraient pas, de la compétence des juges de paix.

Le 13 mars 1854 le gouvernement de l'empereur présenta un projet de loi sur les livrets d'ouvriers ; le 26 mai il présenta un projet additionnel et rectificatif. Rapport sur ces deux projets fut déposé par M. Bertrand (de l'Yonne), les 23 et 27 mai, discuté le 31 mai et adopté à la même séance, à la majorité de 233 voix contre 5. Le 8 juin, le Sénat décida qu'il ne s'opposait pas à la promulgation, et le 26 juin fut promulguée la loi du 22 juin 1854.

Comme cette loi régit encore la matière, nous allons étudier en détail ses dispositions.

L'art. 1er est ainsi conçu : *Les ouvriers de l'un et l'autre sexe attachés aux manufactures, fabriques, usines, mines, minières, carrières, chantiers, ateliers et autres établissements industriels,* ou travaillant chez eux pour un ou pour plusieurs patrons sont tenus de se munir d'un livret.

Cet article étend aux ouvriers des deux sexes l'obligation du livret ; deux arrêts de la Cour de Cassation, l'un du 30 juin 1836, l'autre du 20 février 1839, avaient, sous ce rapport, appliqué la dénomination d'ouvriers aux femmes et aux filles travaillant dans les fabriques ; et à la Chambre des députés, en 1847, la commission chargée d'examiner le projet voté par la Chambre des pairs, avait proposé d'étendre à tous les salariés des deux sexes l'obligation du livret (Rapport de M. Salveton).

La commission nommée en 1851, rétablit dans cet article le mot *fabrique* qui se trouve dans le projet de 1846, et non dans le projet du gouvernement; elle ajouta, sur l'observation de M. Bidault, le mot minières au mot mine, pour que ces deux exploitations, distinctes sous quelques rapports, se trouvassent également soumises aux dispositions de la nouvelle loi, et enfin, dit le rapporteur, en ajoutant ces mots : établissements industriels, elle a donné à la loi son véritable caractère et généralisé son application. Mais elle repoussa des amendements tendant à assujétir à l'obligation du livret les domestiques et les ouvriers de l'agriculture. Les domestiques ont avec les maîtres qu'ils servent des rapports d'une nature particulière, qui ne sauraient être régis par une loi qui s'occupe exclusivement des ouvriers de l'industrie, et quant aux ouvriers de l'agriculture, les uns sont plutôt des domestiques que des ouvriers, les autres sont des journaliers qui apparaissent au temps de la moisson et des vendanges, qui parcourent le pays par bandes nombreuses, et pour qui l'obligation du livret serait impraticable et la garantie illusoire. Cependant en insérant dans la loi les mots *et autres établissements industriels*, elle a permis à l'autorité d'en étendre l'application aux ouvriers des annexes industrielles d'une exploitation agricole, telles que fabrique de sucre, distillerie, féculerie ou tout autre établissement du même genre.

Une innovation importante, introduite dans l'article 1er sur la proposition de M. Paul Dupont, conformément à un amende-

ment de M. Réveil, consista à étendre l'obligation du livret aux
ouvriers travaillant chez eux pour plusieurs patrons. Le projet
de la Chambre des pairs était rédigé en ce sens, mais la rédaction proposée par le rapport fait en 1847 à la Chambre des députés, restreignait l'obligation du livret aux ouvriers travaillant
chez eux pour un seul patron. L'exposé des motifs présenté au
Corps Législatif de 1854, était ainsi conçu : « Il résulte de l'em-
« ploi du mot *attachés*.. que parmi les ouvriers en chambre, tels
« que ceux de Paris, ceux-là seuls participeraient à l'obligation
« qui sont employés par un seul patron. » La commission ne
fut pas de l'avis du gouvernement et il résulte des termes mêmes de l'art. 1er de la loi que ce fut son opinion qui prévalut.

Les livrets, dit l'art. 2, sont délivrés par le maire.

Ils sont délivrés par le préfet de police à Paris et dans le ressort de sa préfecture, par le préfet du Rhône, à Lyon et dans les
autres communes dans lesquelles il remplit les fonctions
qui lui sont attribuées par la loi du 19 juin 1851.

Une circulaire ministérielle du 18 mai 1855 étend aux chefs-
lieux de département dont la population excède 40,000 âmes,
l'exception à la règle que le livret doit être délivré à l'ouvrier
par le maire de sa commune.

Il n'est perçu pour la délivrance du livret que le prix de
confection, ce prix ne peut dépasser 25 centimes.

La disposition de l'article 3 n'est que la conséquence et la
sanction obligée de la disposition de l'article 1er. Il ne suffisait
pas, dit le rapport, d'imposer à l'ouvrier l'obligation de se munir
d'un livret, il fallait faire aux chefs d'établissement la défense
de recevoir un ouvrier qui ne fût pas muni d'un livret régulier.
Cette obligation doit être étendue aux directeurs qui, en l'absence du chef et avec sa délégation, le représentent dans l'établissement, et y exercent en son nom une autorité dont ils doivent porter la responsabilité.

Si l'ouvrier est attaché à l'établissement, dit l'art. 4, le chef ou
directeur doit, au moment où il le reçoit, inscrire sur son livret
la date de son entrée, et transcrire sur un registre non timbré

qu'il doit tenir à cet effet, les nom et prénoms de l'ouvrier, le nom et le domicile du chef d'établissement qui l'aura employé précédemment, et le montant des avances dont l'ouvrier serait resté débiteur envers celui-ci. Il inscrit sur le livret, à la sortie de l'ouvrier, la date de la sortie et l'acquit des engagements. Il y ajoute s'il y a lieu le montant des avances dont l'ouvrier resterait débiteur envers lui, dans les limites fixées par la loi du 14 mai 1851.

Les lois antérieures à la loi de 1851, ne contenaient pas de disposition qui permît au chef d'atelier d'inscrire sur le livret le montant des avances par lui faites. Le patron avait, il est vrai, le droit de retenir le livret et par ce moyen de retenir l'ouvrier. L'art. 4 de la loi de 1851 fut ainsi rédigé : Les avances faites par le patron à l'ouvrier ne peuvent être inscrites sur le livret de celui-ci et ne sont remboursables, au moyen de la retenue, que jusqu'à concurrence de *trente francs*.

Cette limitation est la disposition la plus importante de la loi de 1851 ; l'art. 4, de la loi du 22 juin 1854, l'a maintenue.

L'art. 5 astreint à l'obligation du livret, les ouvriers qui travaillent pour plusieurs patrons. Si l'ouvrier, dit cet article, travaille habituellement pour plusieurs patrons, chacun inscrit sur le livret le jour où il lui confie de l'ouvrage, et transcrit sur le registre mentionné en l'article précédent, les nom et prénoms de l'ouvrier, et son domicile. Lorsqu'il cesse d'employer l'ouvrier, il inscrit sur le livret l'acquit des engagements sans aucune autre énonciation. Cet art. 5 est, comme nous l'avons dit, une innovation.

L'art. 6 résout la question de savoir dans quelles mains restera déposé le livret revêtu des mentions prescrites. La commission avait d'abord proposé que les patrons gardassent le livret tant qu'ils emploieraient l'ouvrier, à la seule condition d'en donner un récépissé. Le gouvernement, dans son second projet, proposa qu'il fût remis à l'ouvrier et qu'il restât entre ses mains, et sa proposition fut adoptée.

Lorsque le chef ou directeur d'établissement ne pourra inscrire sur le livret la date de sortie, l'acquit des engagements, dit l'art. 7, le maire ou le commissaire de police, après avoir constaté la cause de l'empêchement, seront chargés de faire cette inscription.

L'art. 8 édicte une prohibition que ne prononçaient pas les lois antérieures, mais que les législateurs de 1846 avaient déjà inséré dans leur projet de loi. Dans tous les cas, dit cet article, il n'est fait sur le livret aucune annotation favorable ou défavorable à l'ouvrier. Ces sortes d'annotations, disait le rapporteur, ne sauraient inspirer une grande confiance, rien ne pouvant garantir qu'elles soient l'expression libre ou impartiale de la pensée de celui qui les a écrites. Les annotations par signes sont également défendues. (Cassation, Chambre criminelle, 30 juillet 1864).

L'art. 9 donne au livret revêtu des visas règlementaires l'autorité d'un passeport à l'intérieur.

L'art. 10 renvoie à des réglements d'administration publique pour déterminer tout ce qui concerne la forme, la tenue et le renouvellement des livrets.

Ces 10 articles établissent ou règlementent l'obligation du livret. Mais leurs dispositions eussent été illusoires, si une sanction n'avait prévenu ou réprimé les contraventions. Cette sanction est établie dans les articles suivants de la loi.

Les contraventions aux articles 1, 3, 4, 5, et 8 de la présente loi, dit l'art. 11, sont poursuivies devant le tribunal de simple police, et punies d'une amende de 1 à 15 fr., sans préjudice des dommages-intérêts s'il y a lieu. Il peut de plus être prononcé, suivant les circonstances, un emprisonnement de un à cinq jours.

L'individu coupable d'avoir fabriqué un faux livret, falsifié un livret originairement véritable, ou sciemment fait usage d'un livret faux, est puni des peines portées en l'art. 153 du Code pénal, c'est-à-dire d'un emprisonnement de six mois au moins et de trois ans au plus. L'ouvrier coupable de s'être fait délivrer un livret sous un faux nom, soit au moyen de fausses déclarations ou de faux certificats, ou d'avoir fait usage d'un livret qui ne lui appartenait pas sera puni d'un emprisonnement de 3 mois à 1 an. Dans ces deux derniers cas l'art. 463 du Code pénal peut être appliqué.

L'art. 15 décide que nul ouvrier soumis à l'obligation du livret ne sera inscrit sur les listes électorales pour la formation des conseils de prud'hommes s'il n'est pourvu de son livret.

Voilà en résumé ce qu'était cette institution des livrets, contre laquelle on s'est souvent élevé, et qui était une protection bien efficace pour les ouvriers honnêtes, rangés et travailleurs. C'était, comme disait M. Bertrand, une institution protectrice et bienveillante qui est pour l'ouvrier un titre à la confiance de ceux à qui il s'adresse, et la justification constante de sa conduite et de son travail en offrant pour garantie la signature des maîtres pour lesquels il a travaillé.

Sans doute le livret sera un obstacle pour certains ouvriers, mais quel mal y a-t-il à ce que, entraînés par l'inconduite et la misère, ils ne puissent promener d'établissements en établissements leur improbité et leurs débauches?

En revanche, quelle garantie le livret n'offre-t-il pas au maître et à l'autorité. Au maître, pour qui c'est le livre ouvert de la vie de celui qui lui demande du travail, pour qui c'est une garantie que l'ouvrage promis sera fait, faute de quoi il refuserait le congé et mettrait l'ouvrier dans l'impossibilité de trouver du travail, et une garantie que ses avances lui seront remboursées, au moins jusqu'à concurrence de 30 fr., par la mention au livret et la retenue du dixième que doit opérer le nouveau maître sur les salaires de l'ouvrier; garantie pour l'autorité qui peut, le cas échéant, s'éclairer facilement sur la moralité ou l'état de l'industrie, et se rendre compte du nombre d'ouvriers étrangers qu'emploie l'industrie française.

CHAPITRE III

Des Entreprises de Transports

§ 1er. — GÉNÉRALITÉS

Le louage, dont il est ici question, est celui par lequel une des parties se charge, moyennant un prix, de transporter ou de faire transporter l'autre partie ou des marchandises qui lui appartiennent d'un lieu dans un autre.

Celle des parties qui paie le prix, s'appelle voyageur quand c'est elle-même qu'on s'est chargé de transporter, soit seule, soit avec des effets ; expéditeur, quand elle ne fait transporter que des effets ou des marchandises.

La personne qui reçoit le prix s'appelle voiturier, c'est le terme générique. Sous ce nom le Code comprend tous ceux qui louent leurs services pour transporter, soit par terre, soit par eau, les personnes et les marchandises, c'est-à-dire les entrepreneurs de coches de terre ou d'eau, de messageries, de déménagements, de convois de chemin de fer, les bateliers et les patrons de barques, les rouliers et commissionnaires de roulage, les personnes qui se chargent accidentellement d'un transport, comme les loueurs de voitures, et peut-être même les fermiers avec les attelages de leurs fermes quand ils se livrent à cette spéculation.

Les entrepreneurs de transports ont été divisés par M. Pardessus, dans son commentaire du Code de commerce, en deux classes :

Ceux qui ont annoncé au public leur établissement avec des conditions de prix, de périodicité de jour ou d'heures, tels que les diligences, les bateaux à vapeur de la Garonne, de la Loire, de la Saône et du Rhône, les paquebots de la Méditerranée et Transatlantiques, et surtout, depuis que M. Pardessus a écrit son livre, *les chemins de fer.*

Ils ont été de tout temps soumis à des règles spéciales que rendent nécessaires leurs rapports multipliés avec le public, et la nature des procédés qu'ils emploient ; ils ne peuvent entre autres choses refuser de partir au moment déterminé sous prétexte que leur chargement n'est pas complet, ni demander un prix différent de celui qui est annoncé et qui doit être affiché.

Les autres se chargent d'effectuer des transports à des époques indéterminées et à des prix débattus, mais ils n'en sont pas moins entrepreneurs de transports, si leur profession consiste à faire habituellement des transports, à se charger d'entreprises de voitures, et s'ils se font fait connaître au public comme tels.

Il est inutile d'insister sur l'influence que la facilité des transports exerce sur les relations commerciales ; le commerce, disait un économiste italien, n'est réellement que le transport des marchandises d'un lieu à un autre, et il suffit, pour se convaincre de la vérité de cette parole, de voir l'essor qu'a pris le commerce depuis que les chemins de fer ont donné aux relations commerciales de si grandes facilités.

Dans l'entreprise de transports on rencontre cette obligation de faire qui constitue le louage de service ; on peut même dire que dans certains cas on trouve un louage de choses comme obligation secondaire. Celui qui retient une place dans une diligence a droit, outre le transport, qui est l'obligation principale, à la jouissance exclusive de sa place, et de plus le maître de la diligence est tenu envers lui à des devoirs à peu près semblables à ceux que prescrit l'art. 1719 du Code civil; il doit tenir le voyageur clos et couvert, lui délivrer la place louée, l'en faire jouir paisiblement, le garantir de l'usurpation des autres voyageurs, etc.

Mais comme nous ne trouvons ce louage des choses que comme obligation secondaire dans un cas spécial, nous n'avons à nous occuper que de l'entreprise de transports en tant que louage d'ouvrage, et telle qu'elle est régie par les art. 1782, 1783, 1784, 1785 et 1786 du Code civil.

Ce louage obéit aux règles générales des contrats, il se forme par le consentement. Le consentement tacite, manifesté par la remise d'un colis à une personne préposée au transport, suffit pour l'existence et la validité du contrat.

La convention de transport et la remise des choses qui en fait l'objet ne peuvent en général être prouvées par témoins, que dans les limites indiquées par l'art. 1341, lorsque cette convention a été faite avec une personne qui ne se charge pas habituellement de transports.

Dans le cas où elle a été faite par un voiturier proprement dit, un commissionnaire de transports ou un entrepreneur de voitures publiques, la preuve testimoniale est indéfiniment admissible, car le louage de transports constitue un acte de commerce dont l'existence peut, par conséquent, être prouvée contre elle par témoins.

§ 2. — HISTORIQUE DES MESSAGERIES

Le droit d'établir des messageries, dit Merlin, a toujours été en France un attribut de la puissance souveraine.

Avant 1775, le privilège des voitures publiques et messageries était confié à la ferme générale des postes, qui le sous-affermait. Le 7 avril 1775, sous le ministère Turgot, intervint un arrêt du conseil qui réunit au domaine du roi, pour être exploités au profit de sa majesté, les privilèges précédemment accordés pour les carrosses, diligences et messageries du royaume, et qui ordonna qu'il serait établi sur toutes les grandes routes, des voitures à 8, 6 et 4 places commodes, légères et bien suspendues pour partir à jour et à heures fixes. En effet, ces diligences, connues sous le nom de Turgotines, qui furent établies sur les principales routes, par exemple celles de Lille, de Lyon, de Toulouse et de Bordeaux, avec une accélération notable dans le service, remplacèrent les anciens coches.

Un autre arrêt du même jour, fixa le prix à payer pour le transport des personnes dans les diligences, des hardes, argent et autres effets. Ce tarif était gradué sur le poids, la nature des effets et la distance à parcourir. Il défendit aux courriers des malles de dépêches de transporter des voyageurs, paquets, hardes, or, argent, bijoux, marchandises, volailles, gibier, etc., de porter autre chose que les malles qui ne pourraient contenir que les lettres, paquets de lettres, l'or et l'argent confiés aux bureaux de poste, sur toutes les routes où le service des messageries serait établi. La même défense fut faite aux rouliers, coquetiers, muletiers, fariniers et autres. Le tout à peine de 500 livres d'amende, de la confiscation des marchandises saisies, des chevaux et voitures.

Dans la loi du 26-29 août 1790, l'assemblée constituante, abolit le monopole du transport des voyageurs et effets (art. 1) et permit (art. 2) à tout particulier de conduire ou de faire conduire librement les voyageurs, ballots, paquets et marchandises au prix qui serait convenu entre les parties, à condition de ne pas annoncer les départs à jour fixe. Mais par l'art. 4, elle établit une ferme générale des messageries, coches et voitures d'eau, dont les fermiers auraient seuls le droit de départ à jour et heures fixes, d'annoncer ces départs, d'établir des relais, de

8

n'être visités qu'à leurs bureaux, avec l'obligation de desservir les principales routes de France.

Les décrets des 6 et 9 janvier 1791, fortifièrent le droit de propriété de l'état. Le bail des messageries fut, en vertu de l'art. 4 de la loi de 1790, adjugé le 16 mars 1791, à un sieur Jean-François Dequeux, et une proclamation du roi, du 10 avril de la même année, régla le service des messageries nationa- les.

La convention par la loi du 9 avril 1793, résilia le bail du sieur Dequeux et ordonna que l'entreprise des messageries serait mise en régie le 1er mai suivant.

La loi du 25 vendémiaire an III accorda à tout entrepreneur particulier le droit d'indiquer des départs fixes, de les annon- cer, et d'établir des relais.

Les articles 65 et suivants de la loi du 9 vendémiaire an VI, por- tent que la régie des messageries nationales est supprimée, que désormais il sera perçu un dixième du prix des places, dans les voitures exploitées par des entreprises, et établissent certaines règles de police. Sous l'empire de cette loi, l'industrie messagiste prit un grand développement. Les messageries de la rue Notre- Dame-des-Victoires, et beaucoup d'entreprises se fondèrent, mais on fut bientôt obligé de reconnaître qu'il y avait péril à ne pas mettre un terme à la concurrence des messagistes; on fit un pas en arrière et on rendit le décret du 30 floréal an XIII, dont l'art. 5 dispose qu'aucune entreprise de messageries ne pourra s'établir à l'avenir, sans une autorisation du gouverne- ment, et qu'à cet effet toute demande ou projet d'établissement sera adressée avec tous les détails relatifs au service au minis- tre des finances, lequel fera au gouvernement un rapport dans la quinzaine.

L'empire fit peser le poids de leurs privilèges sur tous les en- trepreneurs de voitures publiques, lesquels furent obligés de se servir des chevaux de la poste ou de payer une indemnité de 25 centimes par poste et par cheval attelé. Il atteignit même ceux qui, pour échapper à la loi, prenaient des chemins de traverse. Il fallut des règlements minutieux pour fixer la nature des voyages, à petites journées, des voitures suspendues ou non suspendues. La loi et les tribunaux furent obligés de lutter de subtilité avec l'entrepreneur, qui imaginait mille ruses pour se dérober à l'impôt. Les entreprises de messageries étaient soumises à la loi sur le poids et le chargement, à l'autorisation préalable, et étaient doublement compromises par les restrictions du monopole et la surveillance de la police.

L'art. 115 de la loi des finances du 25 mars 1817, n'imposa pour la formation ou la continuation de toute entreprise de voitures publiques de terre et d'eau, que l'obligation de faire une déclaration annuelle indiquant le nombre, l'espèce de voitures, le prix des places et de se munir d'une licence. Cette loi si libérale, qui abroge le décret du 30 floréal an XIII, fut suivie d'un grand développement de l'industrie messagiste.

Les décrets du 14 fructidor an XI et 25 août 1810, les ordonnances des 4 février 1820, 27 septembre 1827, 16 juillet 1828, et la loi du 28 juin 1829 règlent les rapports des entrepreneurs de voitures publiques.

La plupart de ces actes législatifs sont des dispositions analogues à celles de l'art. 1785, pour l'enregistrement des choses à transporter, notamment les art. 6, 7 et 8 de l'ordonnance du 16 juillet 1828.

L'art. 6 prescrit aux propriétaires et entrepreneurs de voitures publiques, de tenir registre du nombre de voyageurs qu'ils transporteront, et d'enregistrer également les ballots, malles et paquets dont le transport leur sera confié. Copie de cet enregistrement doit être remise au conducteur, et un extrait, en ce qui le concerne, pareillement remis à chaque voyageur avec le numéro de sa place. Ces registres doivent être sur papier timbré, cotés et paraphés par le maire.

L'art. 7 défend aux conducteurs des voitures publiques de prendre en route aucun voyageur, ou de recevoir aucun paquet sans en faire mention sur les feuilles qui leur auront été remises au lieu du départ.

L'art. 8 dispose que les voitures publiques seront d'une construction solide et pourvues de tout ce qui est nécessaire à la sûreté des voyageurs; il rend les entrepreneurs responsables des accidents arrivés par leur faute sans préjudice de leur responsabilité civile lorsque ces accidents auront lieu par la faute ou la négligence de leurs préposés.

Sous le gouvernement de juillet, il y eut une augmentation très-grande dans les transports; les canaux rapportèrent à l'état, en 1846, un revenu triple de celui de 1832, bien que les tarifs eussent été réduits, le dixième perçu sur les voitures doubles dans l'intervalle de ces deux années, et la poste transporta deux fois plus de lettres, d'imprimés et d'argent en 1847 qu'en 1830 (*Levasseur, histoires des classes ouvrières*).

Nous n'avons pas en main les chiffres nécessaires pour établir d'une manière sûre le développement qu'a pris depuis cette époque l'industrie des transports, les chemins de fer aidant. A quoi bon, d'ailleurs, établir par des chiffres ce que tout le monde voit, ce qui était d'ailleurs inévitable, car plus les transports devenaient faciles et par conséquent moins coûteux, plus le nombre devait en augmenter.

§ 3. — OBLIGATIONS RESPECTIVES DANS LE LOUAGE DE TRANSPORT

Le voiturier doit effectuer le transport dans le temps convenu, à peine d'une indemnité pour le retard, s'il n'a pour excuse un cas de force majeure. Mais il n'est pas obligé, à moins d'une clause expresse, d'exécuter le transport par lui-même. Il arrive souvent qu'une personne se charge de faire conduire dans un lieu désigné des objets, pour le transport desquels il est nécessaire qu'elle emploie des sous-entrepreneurs ou des intermédiaires à qui elle les adresse et qui, à leur tour, les dirigent vers un autre lieu, et ainsi de suite, jusqu'à leur arrivée.

Si l'entrepreneur ne fait pas le transport, a-t-il droit au prix ? Nous avons vu en droit romain, que si c'était par la faute de l'expéditeur que le transport n'avait pas été effectué, néanmoins le prix en était dû à l'entrepreneur de transports ; que si la force majeure avait frappé sur le voiturier, il ne devait recevoir de prix qu'en proportion de l'utilité que l'expéditeur retirait du transport. Ces principes sont également applicables en droit français, et d'ailleurs le code de commerce émet, au sujet des transports maritimes, des dispositions applicables à toute espèce de transports et qui serviront à résoudre le plus grand nombre des difficultés qui pourraient s'élever.

L'art. 1782 assujétit les voituriers par terre et par eau, pour la garde et la conservation des choses qui leur sont confiées, aux mêmes obligations que les aubergistes dont il est parlé dans l'art. 1952, au titre du dépôt et du séquestre. Les dispositions de cet art. 1952, modifiées comme elles doivent l'être à raison de la différence des professions, peuvent être reproduites sous la forme suivante : Les voituriers sont responsables, comme dépositaires, des objets qui leur sont remis ; le dépôt de ces sortes d'effets doit être regardé comme un dépôt nécessaire.

Le voiturier est encore tenu à des devoirs particuliers de fidélité ; il ne doit pas employer à son usage les choses confiées à sa garde (art. 1930), ni chercher à savoir en quoi elles consistent lorsqu'elles lui ont été remises scellées et enfermées dans un coffre (art. 1931) ; il doit les rendre identiquement (art. 1930), les remettre au destinataire ou les rendre à l'expéditeur, et s'il ne trouve pas la personne indiquée, il doit les déposer dans un lieu désigné par le président du tribunal ou le juge de paix, et la vente pourra en être ordonnée jusqu'à concurrence de ce qui lui est dû. S'il ne peut les représenter, il en doit l'estimation faite d'après la valeur que la chose avait au moment où la remise devait s'effectuer, si la chose devait, par le transport, acquérir une valeur supérieure au prix d'achat, et il doit, au contraire, le prix d'achat, si la chose voiturée avait dû avoir, au moment de la remise, une valeur inférieure à ce prix d'achat.

Les entrepreneurs de transports sont, de plus, soumis par
l'art. 1785 à l'obligation de tenir registre de l'argent, des effets
et des paquets dont ils se chargent ; cet enregistrement est obligatoire, pour l'entrepreneur qui doit l'effectuer, sans que le
voyageur ou l'expéditeur le requière et même malgré lui. Cette
mesure est une garantie pour le public, et une preuve du dépôt
contre l'entrepreneur. Nous verrons au paragraphe suivant, en
traitant de la responsabilité des entrepreneurs de transports,
quelle est l'influence de l'omission de cet enregistrement, lorsque la chose à transporter vient à périr ou à se perdre. La disposition de l'art. 1785 ne s'applique pas aux simples voituriers
qui, ne sachant pas écrire pour l'ordinaire, seraient hors d'état
de tenir des registres.

En outre, dit l'art. 1786, les entrepreneurs et directeurs de
voitures et roulages publics, les maîtres de barques et navires
sont assujétis à des règlements particuliers, qui font la loi entre eux et les autres citoyens. Ces règlements sont établis en
général dans une vue principale de sûreté publique et de conservation des grandes routes ; ces règlements, bien que ne
réglant pas les rapports résultant du contrat de louage, sont
cependant obligatoires entre les parties, en ce sens que les voyageurs et expéditeurs sont tenus de s'y conformer ou d'en souffrir l'exécution, et que, d'un autre côté, ils ont une action pour
en réclamer l'exécution quand ils y ont intérêt.

Les voyageurs sont tenus de se rendre à l'heure fixée au lieu
du départ, et les expéditeurs d'y remettre en bon état d'emballage les choses qu'ils veulent faire transporter; les uns et les autres doivent payer au voiturier le prix convenu et lui rembour-
ser les dépenses qu'il a été obligé de faire à l'occasion des
choses qui lui ont été confiées.

§ 4. — RESPONSABILITÉ DU VOITURIER

Les obligations du voiturier, quant à la garde et à la conservation de la chose voiturée, sont très-sévères. Il est dépositaire et dépositaire salarié, il est tenu même de sa faute légère, mais non pas à notre avis de sa faute très-légère, car s'il a employé à la garde et à la conservation de la chose tous les soins d'un bon père de famille, il ne peut, dans notre hypothèse, avoir perdu ou détérioré les objets s'il n'y a eu force majeure ; mais comme la loi met l'avarie à sa charge, c'est à lui à s'exonérer de la présomption de faute où il est, en fournissant la preuve de sa vigilance, qui aura consisté par exemple à charger avec précaution les objets fragiles, à couvrir sa voiture pour que ceux qui peuvent être endommagés par l'eau, ne soient pas mouillés, etc. Cette règle que c'est à lui à prouver qu'il n'est pas en faute, n'est que le corollaire de ce principe très-juste, que le débiteur d'une chose qui veut se décharger de l'obligation de la rendre dans l'état où il l'a reçue, en invoquant une exception, doit prouver son exception, *Reus excipiendo fit actor*, et c'est au demandeur qu'incombe le fardeau de la preuve. Et si, dans notre hypothèse, l'exception qu'invoque le voiturier est la force majeure, il doit prouver en outre que sa faute n'a contribué en rien à l'événement. Il est prudent de sa part de faire constater sans délai, sur les lieux mêmes et par procès-verbaux, les accidents qui surviennent : mais ces accidents pourraient toujours être prouvés par témoins puisqu'il ne s'agit alors que de simples faits et non de conventions.

Nous avons dit que l'art. 1785 impose aux voituriers l'obligation d'inscrire sur un registre les effets à transporter. Quelle peut être, par rapport à la responsabilité, l'influence de l'omission de cet enregistrement ? Cette omission peut résulter du fait du

voyageur, qu'il ait oublié de mettre l'entrepreneur à même
d'inscrire l'article, ou qu'il ait cherché, en ne le faisant pas inscrire, à se soustraire aux frais du transport. Elle peut résulter
du fait de l'entrepreneur, qui est coupable d'omission ou qui
veut échapper à la responsabilité.

Dans le premier cas, la perte doit être supportée par le voyageur; l'entrepreneur qui n'était pas chargé de la surveillance ne
doit pas être déclaré responsable de la perte. (Toulouse, 9 juillet 1829, Cassation, 9 novembre de la même année). Il faut en
excepter cependant certains objets qu'on n'est pas dans l'habitude de faire inscrire, tels que sacs de nuit, manteaux, et qui
servent à l'usage personnel du voyageur pendant la route. En cas
de perte, on pourra en réclamer la valeur sans que le défaut
d'inscription soit opposable (Cassation, 19 frimaire an VIII, Paris, 6 avril 1826). La preuve du dépôt de ces objets consiste, dit
l'arrêt, dans la note inscrite sur la feuille du conducteur.

Le voiturier est responsable lorsque le défaut d'enregistrement provient de son fait. Si le voyageur ayant fait inscrire sa
valise qui contenait de l'argent, n'a pas fait spécialement enregistrer cet argent, les tribunaux pourront-ils avoir égard à l'affirmation du voyageur conformément à l'art. 1369 du code civil?
Non, dit M. Toullier, s'appuyant sur l'art. 1785, qui ordonne de
déclarer l'argent (sic, Bruxelles, 28 avril 1810, trib. de Tours, 28
nov. 1817, Paris, 10 nov. 1867) ; oui, dit M. Troplong, car rarement les choses qui sont confiées aux voituriers sont détaillées
et évaluées au moment de la remise; elles sont expédiées dans
des ballots, caisses, malles et paquets sans indication de la nature et de la valeur des objets. Cependant, dans le cas de responsabilité, il faut évaluer la somme dont l'entrepreneur de
transports est redevable, à raison de la valeur des sommes
perdues. Les juges ont à cet égard le pouvoir discrétionnaire le
plus étendu, et ils peuvent puiser les éléments de leur conviction partout où ils le jugeront convenable, s'environner de
toute sortes de preuves, consulter les livres et la correspon-
dance de l'expéditeur, en admettre ou en repousser les indica-

tions, entendre des témoins ou enfin, lorsqu'il n'y a pas d'autres moyens de reconnaître la vérité, ajouter foi à la déclaration du demandeur en lui déférant le serment (art. 1369 du code civil, Paris, 9 avril 1809, 7 juillet 1833, 3 mars 1821, Grenoble, 29 août 1833, Cassation, 18 juin 1833, Douai, 17 mars, 1844, Angers, 20 janvier 1858).

Que la valise contienne ou non de l'argent, les moyens de preuve doivent être les mêmes, dit M. Troplong. Est-ce que les entrepreneurs peuvent objecter que s'ils avaient su qu'elle contenait de l'argent ils en auraient pris plus de soins? Est-ce qu'ils ne doivent pas le même soin à tous les objets qui leur sont confiés? Est-ce que d'ailleurs les malles ne sont pas toujours censées contenir une certaine somme nécessaire pour les besoins du voyage? M. Troplong réfute d'ailleurs l'argument de M. Toullier et de l'article 1785, en montrant la contradiction qui existe dans le système de son adversaire, où les diamants et autres autres objets précieux sont, par le silence de l'art. 1785, laissés dans le droit commun, tandis que la preuve de la perte de l'argent, chose qui se trouve bien plus ordinairement dans les effets des voyageurs, est soumise à des règles spéciales (cette opinion de M. Troplong est confirmée par arrêt de la Cour de Cassation, du 16 avril 1828, et 15 mars 1859, et de la Cour de Bordeaux, du 24 mai 1858 et 7 août 1867.)

Jusqu'à concurrence de quelle sommme peut s'étendre la responsabilité du voiturier? Les entrepreneurs de messageries prétendaient qu'aux termes de l'art. 62 de la loi du 24 juillet 1793, l'indemnité due au propriétaire ne pouvait s'élever au-dessus de 150 fr. La jurisprudence a décidé qu'une loi faite pour la régie des messageries nationales ne pouvait être invoquée par des entrepreneurs de messageries exploitées dans un intérêt privé (arrêts des Cours de Paris, du 1er germinal an XIII, Rouen, 2 février 1816, Lyon, 6 mars 1821, Cassation, 13 vendémiaire an IX, et 6 février 1809.

Si cependant l'administration a eu la précaution de délivrer aux expéditeurs un bulletin portant qu'en cas de perte il ne sera payé à titre d'indemnité qu'une somme de 150 fr. ou tout autre, c'est là une convention obligatoire pour celui qui a sciemment accepté le récépissé. C'est ainsi notamment que cette clause est imprimée au dos des récépissés de bagages délivrés aux voyageurs par les administrations des chemins de fer, et par l'administration des postes qui, lorsqu'il ne sagit pas de valeurs cotées et déclarées, ne doit, en cas de perte des effets précieux ou des valeurs en papier renfermées dans des lettres même chargées, qu'une indemnité de 50 fr.

Un arrêt de la Cour de Douai, du 17 mars 1847, décide que la réception de ce bulletin par le voyageur qui, la plupart du temps, ne le lit même pas, ne constitue pas de sa part un assentiment aux prétentions du voiturier, et ne forme pas, dès lors, la convention qui serait nécessaire pour déroger aux principes. Un arrêt de la Cour d'Alger, du 16 décembre 1846, décide que l'entrepreneur est responsable, dans le cas même ou le reçu porterait qu'il ne répond pas de la perte.

Quand commence cette responsabilité. — Il est évident qu'elle ne commence qu'au moment où le dépôt est réellement effectué dans ses mains ou celles de ses préposés, et tout ce qui s'est passé avant cette remise doit rester en dehors des règles du dépôt. Mais ce dépôt est-il, comme nous l'avons dit plus haut, un dépôt nécessaire? Nous ne pense pas que la remise des effets entre les mains du voiturier, constitue un dépôt nécessaire comme le dépôt des effets d'un voyageur dans une auberge. L'expéditeur, dit-il, a pu se procurer un récépissé, ce que n'a pu faire le voyageur; et M. Troplong pense que le dépôt nécessaire n'existe que pour les petits objets dont l'enregistrement n'est pas obligatoire et qu'on apporte au moment du départ. Comme l'assimilation au dépôt nécessaire n'a d'effet qu'au point de vue de la preuve, et que la preuve du dépôt des autres objets peut parfaitement être faite par l'enregistrement que prescrit l'art. 1785, nous n'hésitons pas à adopter l'opinion de M. Troplong.

Cette responsabilité commence dès que les objets à transporter ont été confiés au voiturier ; il n'est pas nécessaire qu'ils soient

chargés sur la voiture ou le navire, il suffit qu'ils soient remis
à cet effet, soit au voiturier lui-même, soit à son préposé sur le
port, à l'entrepôt, ou au bureau à ce destiné, car, dès cet instant,
ils sont sous sa garde, dès lors il est responsable du vol ou de
l'avarie, que le vol ait été commis ou le dommage causé par
ses préposés ou des étrangers allant et venant sur le port, dans
l'entrepôt et au bureau. Mais il n'est pas responsable des
vols faits à l'aide de la force armée ou de toute autre force majeure.

Des domestiques, garçons d'écurie, ou employés quelconques
au factage des marchandises ne sont pas des préposés à l'effet de
recevoir les choses à transporter. Dans les lieux où l'entreprise
a son bureau et son préposé, le conducteur de la voiture n'est
pas un préposé à la réception des effets, mais partout ailleurs,
par exemple aux relais, il doit être considéré comme représentant l'entrepreneur.

Cette responsabilité cesse à compter du moment où les objets
ont été acceptés par le destinataire. Toutefois elle cesse avant ce
temps si les objets ont péri par cas fortuit, force majeure
ou vice de la chose, mais à la charge par le voiturier de
prouver le cas fortuit, la force majeure ou le vice de la
chose.

Elle s'étend non-seulement à la perte, mais encore à l'avarie
et au retard dans la remise. Mais le voiturier ne pourrait être
déclaré responsable de l'avarie si elle provient d'un défaut
d'emballage convenable, car c'est à la faute du propriétaire et
non à la négligence de l'entrepreneur de transport qu'il faut attribuer le dommage (arrêt du Conseil du 7 août 1775), mais la
preuve du défaut d'emballage incombe au voiturier, comme
c'est à lui de prouver le vice de la chose ou tout autre motif de
défense qu'il invoque (art. 1784).

Le voiturier est responsable des avaries souffertes par la chose
transportée, même dans le cas où le contrat rapproché des tarifs de l'entreprise de transport l'exonèrerait de sa responsabilité (Cass, ch. civ., 24 avril 1865).

Il est responsable des avaries survenues par un mode de transport inusité, bien que l'emploi des moyens ordinaires ne fût pas praticable, car son devoir était de s'entendre sur ce point avec l'expéditeur. (Grenoble, 23 décembre 1861). Vainement objecterait-il qu'il n'a fait ce changement que dans l'inté rêt de l'expéditeur (Rouen, 8 décembre 1856).

Le commissionnaire peut, si l'avarie dont il est responsable a rendu la chose avariée impropre au commerce, être tenu de la garder pour son compte, surtout si de plus il est résulté de l'avarie un retard qui a fait manquer la spéculation. Il n'est pas nécessaire pour cela que la marchandise ait éprouvé une dépréciation de plus de trois quarts (Rennes, 19 mars 1850).

Le voiturier n'est pas responsable de la perte lorsqu'il n'a fait que mettre sa voiture à la disposition de l'expéditeur (Cass. req. 27 décembre 1848).

Il n'est pas non plus responsable du déficit ou de la soustraction des marchandises transportées, lorsqu'il justifie au destinataire d'un poids conforme à l'énoncé de la lettre de voiture ou lorsque ces marchandises n'ont été énoncées que par leur poids (trib. de comm. de Bordeaux, 1er juin 1847.

Si le délai, dans lequel doivent être rendues à destination les marchandises confiées à des commissionnaires de transport ou voituriers, a été expressément déterminé entre les parties, le moindre retard autorise l'expéditeur ou le destinataire à réclamer une indemnité sans être tenu de justifier d'un préjudice quelconque et indépendamment des dommages-intérêts pour le préjudice souffert. L'indemnité est le plus souvent déterminée d'avance par la lettre de voiture conformément à l'art. 102, code de commerce, et, à défaut de stipulation, un usage général a établi que cette indemnité doit être du tiers du transport.

En outre de la responsabilité à laquelle est astreint le voiturier pour perte des marchandises ou retard dans leur remise, il lui en incombe une autre résultant de ce qu'il n'a pas exactement rempli son obligation relative au transport des voyageurs.

Si, par exemple, il change l'heure de ses départs sans faire connaître, par une nouvelle publicité, cette modification, il est responsable, même dans le cas où ces changements lui auraient été imposés par l'administration, des frais occasionnés aux voyageurs par les retards que leur ignorance des modifications survenues leur a fait éprouver (trib. de Comm. de la Seine 12 décembre 1864).

Le conducteur qui a pris dans sa voiture des voyageurs en surcharge, est responsable des accidents qui leur sont arrivés par suite de la manière incommode et dangereuse dont il les a placés ; et cela alors même que ces voyageurs auraient imprudemment demandé à faire le voyage dans ces conditions (11 mars 1851, Riom) (Lyon, 16 juillet 1862). L'arrêt précité de la Cour de Riom, déclare en outre l'entrepreneur de messageries responsable de l'imprudence de son conducteur, et solidairement responsable avec lui des dommages et intérêts, alors même que l'admission de ces voyageurs n'aurait eu lieu qu'au mépris d'une recommandation expresse, de ne plus prendre personne, faite au conducteur au moment du départ.

Le voiturier peut-il arguer en sa faveur d'une convention qui le déclarerait irresponsable ? M. Pardessus croit qu'une telle clause est sans valeur, car, dit-il, nul ne peut stipuler qu'il ne répondra pas de ses fautes ou de ses délits. Mais tel n'est pas l'avis de M. Troplong, qui pense que, dans ce cas, c'est à l'expéditeur ou au voyageur à prouver la faute du voiturier, car alors les rôles changent, ce sont eux qui sont demandeurs en nullité et c'est à eux qu'incombe le fardeau de la preuve.

§ 5. — PRIVILÈGE, PRESCRIPTION, TRIBUNAUX COMPÉTENTS, DISPOSITIONS PÉNALES

Le voiturier jouit, pour le paiement de ce qui lui est dû, d'un privilège sur les choses qu'il a transportées, art. 2102 n° 6. Les frais de voiture et les dépenses accessoires sont privilégiées.

sur la chose voiturée. *Merces quæ vehentur dorso jumentorum*, dit Cujas, *certo convento que pretio pro vecturâ tacite pignoratæ sunt et vecturæ causa potentior est quoniam sine ea merces salvæ pervenire non poterant.*

Le voiturier perd-il son privilège en se déssaisissant de la chose voiturée ? Oui, disent certains auteurs. Non, d'après un arrêt de la Cour de Paris, du 2 août 1819. Ce privilège, en effet, n'est pas fondé uniquement sur la présomption d'un gage consenti au profit du voiturier, dès lors il doit être indépendant de la possession ; il suffit qu'il soit constant qu'il n'a pas été payé, et que la chose sur laquelle il réclame le privilège soit la même que celle qu'il a voiturée. Cependant, si les objets voiturés n'étaient plus dans le même état, où si l'identité n'était pas certaine, le privilège ne pourrait être invoqué.

Il va sans dire que le privilège accordé au voiturier ne s'étend pas aux sommes qui peuvent lui être dues pour des transports précédents. Etendre à la chose voiturée en dernier lieu la créance due pour ces transports serait méconnaître la spécialité du privilège du voiturier.

Les actions auxquelles peut donner lieu l'inexécution des engagements du voiturier, ou la responsabilité dont il est tenu, se prescrivent par des causes ou des délais qui varient suivant la nature de ces obligations et la qualité de ceux qui ont intérêt à les invoquer. L'action de l'expéditeur ou du destinataire, pour défaut de remise des objets confiés ou des avaries éprouvées par ces objets, s'éteint par six mois, pour les expéditions faites dans l'intérieur de la France, et par un an pour celles faites à l'étranger. Ce délai court du jour où le transport aurait dû être effectué (art. 408 du code de commerce).

L'action en réclamation pour avaries s'éteint par ce fait que celui qui a reçu les objets a payé la voiture sans réclamations ni protestations (art. 105 du code de commerce). La réception et le paiement font supposer qu'il n'y avait aucune action à intenter contre le voiturier, ou que le destinataire y a renoncé.

Cette prescription peut être invoquée pour les transports opérés par les chemins de fer, comme pour ceux opérés par toute autre voie (req. 5 février 1856, et 9 juin 1858); mais les dispositions de l'art. 105 ne sauraient recevoir leur application au cas où le prix du transport aurait été payé d'avance (Paris, 27 août 1847; Caen, 7 février 1851).

La fin de non recevoir établie par l'art. 105, n'est applicable qu'autant que la marchandise a été réellement reçue et a pu être l'objet d'une vérification de la part du propriétaire. Il ne suffit donc pas que dans un transport par chemin de fer par exemple, le destinataire ait émargé le bordereau, servant d'après les usages des compagnies à vérifier les remises, et qu'il ait payé le prix du transport sans réclamations, pour que la compagnie puisse se prétendre affranchie envers lui de toute responsabilité pour perte de colis depuis reconnus manquants (Metz, 29 août 1855). Cette prescription ne peut non plus être invoquée par une compagnie de chemin de fer lorsqu'il est constaté que la vérification des marchandises avant leur réception, a été rendue impossible par le fait de la compagnie ou de ses agents, par suite, par exemple, de l'encombrement des gares (req. 5 février 1856).

La réception de la marchandise et le paiement du prix sans réserve ni contestation, éteignent l'action non-seulement dans le cas où les avaries éprouvées par les marchandises sont apparentes, mais aussi dans le cas où elles sont occultes (Cassation, 9 mars 1870; Toulouse, 4 décembre 1871). Les dispositions de l'art. 105 sont assez absolues pour ne se prêter à aucune distinction.

Les cas de fraudes devant toujours être exceptés, il en résulte que la fin de recevoir, prévue par l'art. 105 du Code de commerce, ne pourrait être invoquée, s'il y avait fraude ou infidélité découverte après la réception des objets et le paiement du prix de la lettre de voiture.

Mais ces dispositions du Code de commerce étant spéciales au transport des marchandises expédiées à des commerçants ne peuvent être opposées à des destinataires non-commerçants;

(Cassation, 4 juillet 1816), pour lesquels l'action rentrant dans le droit commun dure trente ans.

S'il s'élève quelque contestation relative aux transports, les tribunaux de commerce ne sont pas compétents par exemple pour statuer sur les demandes en paiement du prix d'effets confiés aux diligences et qui ont été perdus. C'est aux tribunaux civils qu'il appartient d'en connaître, et la loi du 25 mai 1838, art. 2, porte : Les juges de paix prononcent sans appel jusqu'à 100 fr. et à charge d'appel jusqu'au taux de la compétence en dernier ressort des tribunaux de première instance entre les voyageurs et les voituriers ou les b.. 'oliers pour retards, frais de route, et perte ou avaries à des effets i .partenant aux voyageurs.

Le principal motif qui a fait attribuer aux juges de paix la connaissance de ces contestations, c'est évidemment leur caractère urgent. Aussi notre savant maître M. Rodière, dont le nom fait autorité en pareille matière, pense-t-il que les actions pour retard, frais de route et pertes ou avaries formées à l'occasion d'effets qui n'accompagnaient pas la personne même, et qui, par conséquent, ne devaient pas être absolument indispensables à cette personne, ne sont pas de la compétence des juges de paix, parce qu'elles ne présentent pas d'urgence et qu'il n'y a plus, dès lors, d'inconvénient à ce qu'elles soient jugées suivant les règles ordinaires.

Un point plus délicat est celui de savoir si les voyageurs qui se plaignent de la perte ou avaries de leurs effets, peuvent actionner le voiturier à leur choix devant le tribunal de commerce. L'entreprise de transport constitue, en général du moins, un acte commercial pour l'une des parties, le voiturier, et non pour l'autre, qui peut assigner à son choix l'entrepreneur devant le tribunal civil ou le tribunal de commerce. La question est donc de savoir si l'art. 2 de la loi du 5 mars 1838, qui rend les juges de paix compétents pour régler les contestations entre les voyageurs ou expéditeurs et les voituriers, n'a pas abrogé l'art. 632 du code de commerce qui attribuait cette compétence aux tribunaux de commerce. La négative nous paraît probable. La loi de 1838 ne paraît avoir eu d'autre but que de procurer en toute hypothèse et dans toutes les localités aux voyageurs un moyen facile de se faire rendre justice; rien n'indique qu'elle ait voulu, en étendant la compétence des juges de paix plus qu'elle ne l'était auparavant, déroger aux règles de la compétence commerciale, qu'elle a, par conséquent, laissé subsister d'après la règle : *Posteriores leges non derogeant prioribus nisi sint contrariæ.* Au moyen précisément de l'option laissée au voyageur, toute contradiction entre les deux lois disparaît, et il est à remarquer que la loi de 1838 ne dit pas que les juges de paix prononcent seuls, mais simplement : *Les juges de paix prononcent,* etc.

L'alinéa 4 de l'art. 386 du code pénal, punit de la réclusion le vol commis par un voiturier, batelier, ou leur préposé, lorsqu'ils auront volé tout ou partie des choses qui leur étaient confiées à ce titre. Cette règle a été étendue aux capitaines, patrons et gens d'équipage de tout bâtiment de mer par l'art. 15 de la loi du 10 avril 1825.

Mais les voituriers et bateliers ne sont pas passibles de la même aggravation dans l'hypothèse suivante, prévue par l'art. 387, ainsi conçu après la modification de la loi du 13 mai 1863 : Les voituriers, bateliers ou leurs préposés, qui auront altéré ou tenté d'altérer des vins ou toute autre espèce de liquides ou marchandises dont le transport leur avait été confié, et qui auront commis ou tenté de commettre cette altération par le mélange de substances malfaisantes, seront punis d'un emprisonnement de 2 à 5 ans et d'une amende de 25 à 500 fr. L'article ajoute qu'ils pourront être privés de l'exercice des droits mentionnés à l'art. 42 pendant 5 ou 10 ans et être mis sous la surveillance de la haute police. Si l'altération n'a pas eu lieu au moyen de substances malfaisantes, la peine sera l'emprisonnement d'un mois à un an, et l'amende de 16 fr. à 100 fr.

L'art. 387 prévoit un véritable abus de confiance où l'agent profite de la confiance forcée que sa profession commerciale impose, et en abuse au détriment de ses commettants.

9

§ 6. — DES CHEMINS DE FER

En 1823 fut concédé et le 2 octobre 1828 livré à la circulation, le premier chemin de fer français qui n'avait que 5 lieues et demie, de St-Etienne à Andrézieux, et était remorqué par des chevaux. Ce ne fut qu'en 1842, qu'on se servit pour la première fois de la locomotive, sur la ligne de St-Etienne à Roanne, pour le service des voyageurs. Dire combien cette entreprise nouvelle rencontra, à côté de l'appui chaleureux de certains esprits, la résistance obstinée des intérêts menacés et la convoitise également dangereuse des appétits éveillés, ne rentre pas dans notre plan.

Aujourd'hui cependant où le réseau ferré recouvre toute la France, il nous sera permis de dire qu'en 1838, sur le rapport d'Arago, la Chambre des députés se prononça contre l'entreprise simultanée de 4 grandes voies, de Paris en Belgique, de Paris au Hâvre, de Paris à Bordeaux, et de Lyon à Marseille, et à leur confection par l'Etat. Et cependant l'expérience était faite et les Etats-Unis avaient déjà plus de 4,000 kilomètres de voies ferrées.

Nous n'avons pas à nous occuper ici des rapports entre l'Etat et les compagnies concessionnaires, soit quant à la forme ou à la durée de la concession, soit quant au mode d'exploitation. Pour nous, en ce moment, les compagnies de chemins de fer ne sont que des entreprises de transport soumises au droit commun et régies en outre, à cause du monopole dont elles jouissent, par des dispositions spéciales, ayant trait aux tarifs, aux transports des marchandises, à la compétence.

Les tarifs. — Les tarifs sont réglés par le cahier des charges annexé à la loi de concession (art. 6 de la loi du 11 juin 1842). Le cahier des charges se borne à déterminer un chiffre maximum qui doit servir de base aux tarifs que la compagnie est chargée de dresser. Ces tarifs sont dressés : pour les voyageurs à tant par tête, suivant la classe des voitures occupées ; pour les animaux vivants, aussi à tant par tête ; pour les marchandises, à tant par tonnes, le tout par kilomètre de distance parcourue. Sur cette base ou sur une base réduite, la compagnie forme son tarif, qui n'est exécutoire qu'en vertu d'une homologation du ministre des travaux publics.

La fixation d'un tarif est une formalité indispensable, et préalable à toute concession de chemin de fer. Lorsque ni la loi de concession ni le cahier des charges n'ont établi de tarif, le transport des voyageurs ne peut être exploité qu'après que ce tarif aura été fixé par l'autorité supérieure (Conseil d'Etat, 10 janvier 1845). Des règlements de police exigent que ces tarifs soient constamment affichés dans les lieux les plus apparents des bureaux de la compagnie, et l'on ne peut exiger d'autres et plus forts prix que ceux portés au tarif. Les tarifs sont obligatoires pour et contre les compagnies de chemins de fer, et il n'appartient ni à la juridiction civile ni aux tribunaux de commerce d'en faire la critique ou d'en entraver l'exécution.

Dans la perception des taxes, ils doivent être appliqués à la lettre de façon à ne laisser aucune place à la discussion ou à l'interprétation.

Ces tarifs, ainsi fixés et homologués, peuvent cependant être modifiés, mais ces modifications doivent à leur tour être homologuées par le ministre des travaux publics. Elles ne sont exécutoires qu'après avoir été affichées pendant un mois ; passé ce délai, elles sont obligatoires pour ou contre les compagnies. Un arrêt de la Chambre des requêtes du 21 janvier 1857, décide que les modifications doivent être rendues exécutoires par les préfets des départements traversés par la ligne des chemins de fer ; mais la Chambre civile de la cour de Cassation, dans un arrêt du 1er août 1861, a adopté l'opinion contraire.

On distingue deux sortes de tarifs :

Les tarifs généraux ;

Les tarifs exceptionnels.

Les tarifs généraux se divisent en grande et petite vitesse ; ils comprennent :

1° Les voyageurs dont le prix de transport est perçu par tête, pour lesquels il n'existe pas de petite vitesse, mais qui sont séparés en trois catégories ou trois classes pour chacune desquelles il y a un tarif différent.

2° Les animaux pour lesquels il n'existe qu'une petite vitesse et dont la taxe est perçue par tête, mais qui peuvent, sur la demande des expéditeurs être transportés dans les trains de voyageurs, avec un tarif double.

3° Les marchandises qui peuvent être transportées à grande ou à petite vitesse, et dont le prix de transport est fixé dans les deux cas à tant par tonne et par kilomètre. Le tarif de grande vitesse est unique et s'applique à toutes les marchandises, quelles qu'elles soient, sans dinstiction. Ils sont différents, au contraire, pour la petite vitesse. Les matières les plus lourdes et les plus encombrantes étant le plus souvent celles qui ont le moins de valeur vénale, on a dû se préoccuper, en faisant les cahiers des charges des compagnies de chemins de fer, de la proportionnalité à établir entre le prix de transport et la valeur vénale ; on a parfaitement compris qu'une matière encombrante et de petite valeur devait être soumise à un tarif inférieur à celui d'une matière d'une grande valeur sous un petit poids et un petit volume. On a donc créé à l'origine trois classes de marchandises. La loi du 2 juillet 1861 en a créé une quatrième réservée aux cokes, houille, engrais, à toutes les matières premières destinées à l'agriculture ou à l'industrie.

Au-dessus de 40 kilog. toute fraction de 40 kilog. est payée comme 40 kil.

4° Le transport des voitures et matériel roulant. La taxe en petite vitesse est établie suivant la nature de l'objet transporté ; en grande vitesse, le tarif est double.

5° Le service des pompes-funèbres ; le transport n'a lieu

qu'en grande vitesse, et la taxe est fixée par voiture et par cercueil.

Les tarifs exceptionnels peuvent être plus élevés que les tarifs généraux. Ils doivent être appliqués dans les cas indiqués par le cahier des charges de la compagnie concessionnaire. Le plus généralement, ils ont pour objet de régler le prix du transport d'objets qui, à cause de leur valeur peu ordinaire, de leur volume exceptionnel, ou du danger qu'en offre le déplacement, tels par exemple que les objets pesant plus de 200 kilogrammes par mètre cube, les matières inflammables ou explosibles, les animaux de prix, l'or, l'argent, les bijoux, l'orfèvrerie, ne doivent pas être soumis aux règles générales sans préjudice pour la compagnie.

On peut distinguer encore les tarifs différentiels et les tarifs conditionnels :

Les tarifs différentiels sont fondés en général sur ce que l'augmentation des frais de transport n'augmente pas en proportion du trajet ; sur ce que plus la quantité de marchandises expédiées est grande, moins le coût du transport par unité est considérable ; sur ce que le sens du transport effectué peut avoir une influence sur ce coût, ou sur ce que, pour amener à faire passer par la voie de France des marchandises étrangères à destination de l'étranger, il fallait établir des prix réduits nommés *tarifs de transit.*

Les tarifs conditionnels ou tarifs spéciaux, sont ceux qui fixent un prix inférieur au prix ordinaire pour des expéditeurs qui se soumettent à certaines conditions, telles que de garantir des expéditions suivies, journalières ou des chargements de wagons entiers, d'accepter des délais plus longs que ceux fixés pour la petite vitesse, etc. Ces tarifs ne peuvent être appliqués par les compagnies que sur une demande formelle et écrite.

Mais quels que soient les tarifs mis en vigueur, ils doivent, d'une manière générale, être appliqués à tous les expéditeurs. Il n'en est pas des compagnies de chemin de fer comme des voituriers ordinaires, contre qui les prix de transport, débattus

entre eux et les expéditeurs, font loi. C'est là un principe général et d'ordre public.

Au point de vue du transport, les compagnies de chemins de
fer sont soumises aux règles générales qui sont assignées au
contrat de transport par le droit civil et le droit commercial,
et en outre à certaines règles spéciales qui leur sont imposées
par le cahier des charges et par le règlement.

Les paquets, colis, etc., remis à une compagnie de chemin
de fer pour être transportés, soit en grande, soit en petite vitesse, doivent être immédiatement enregistrés sur des registres
spéciaux (art. 1785 du code, art. 15 de l'ordonnance du 15 novembre 1840). L'art. 49 du cahier des charges prescit en outre
l'enregistrement à la gare d'arrivée.

*Quel est le délai dans lequel doit être effectué le transport des
marchandises?* — La compagnie est tenue d'effectuer avec soins,
exactitude, célérité, et sans tour de faveur, le transport des
voyageurs, bestiaux, denrées, marchandises et objets quelconques qui lui sont confiés. Pour les marchandises ayant même
destination, les expéditions auront lieu dans l'ordre de leur inscription à la gare de départ. Les délais dans lesquels elles doivent être expédiées, sont réglés par un arrêté ministériel du 15
avril 1859.

Il résulte de l'art. 2 de cet arrêté que les animaux, denrées,
marchandises et objets quelconques, expédiés par la grande vitesse, doivent être chargés sur le premier train de voyageurs
comprenant des voitures de toute classe et correspondant avec
leur destination, pourvu qu'ils aient été présentés à l'enregistrement trois heures avant le départ de ce train, faute de quoi ils
seront remis au train suivant.

D'après l'art. 6, ces mêmes objets expédiés par la petite vitesse, doivent l'être dans le jour qui suivra celui de la remise;
toutefois, l'administration supérieure peut étendre ce délai à
deux jours.

Quant à la durée du trajet, l'art. 2 statue que, sur une seule
ligne, cette durée par la grande vitesse est celle du parcours du

train, que si les objets passent d'une ligne sur une autre sans solution de continuité, le délai de transmission sera de trois heures, à compter de l'arrivée du train qui les aura apportés au
point de jonction; après ce délai, ils devront être expédiés par le
premier train de voyageurs comprenant des voitures de toute
classe.

L'art. 7 dispose que la durée du trajet pour les objets expédiés
par la petite vitesse sera fixé par l'administration sur la proposition de la compagnie. Cette durée ne pourra excéder 24 heures
par fraction indivisible de 125 kilomètres ; en cas de transmission des objets d'une ligne sur une autre, sans solution de
continuité, il sera accordé un jour pour cette transmission.

Les dispositions de ces deux articles sont contraire à la doctrine d'un arrêt antérieur de la cour de Cassation. La Chambre
des Requêtes avait décidé, en effet, le 8 décembre 1858, que lorsque deux compagnies avaient adopté, pour les transports, un tarif commun, les délais accordés pour les expéditions à la gare de
départ et les opérations à la gare d'arrivée devaient être calculés
comme s'il y avait une seule gare d'expédition et une seule
gare d'arrivée, bien qu'en réalité il y eût deux expéditions et
deux arrivées, se réalisant successivement à la gare de départ et
la gare d'arrivée de chacune des deux compagnies.

Les délais accordés aux compagnies pour le transport par petite vitesse, doivent être calculés par jour et non par heure, et
sont francs. Le jour de la remise et le jour de la livraison à la
gare d'arrivée ne doivent donc pas être comptés (Cassation, crim.
31 juillet 1857.

Lorsque le transport est effectué par la voie de terre et la
voie ferrée, le délai dans lequel doit être effectué le transport
est, en l'absence de conventions spéciales, réglé par les usages de
de la compagnie, dont la faute ou la négligence sont alors souve-
rainement appréciées par les juges du fait. (Cassation, ch. civ.
26 juillet 1859).

Le retard dans le transport donne lieu à une indemnité. Cette indemnité est quelquefois fixée par les tarifs, quelquefois par la convention.

Lorsqu'elle est fixée par les tarifs, elle ne peut être accordée supérieure à ces tarifs.

Lorsqu'elle est fixée par la convention, cette convention a force de loi entre les parties. Mais on s'est demandé s'il pouvait intervenir une convention sur cette matière; la cour de Cassation, dont la jurisprudence est différente de celles des Cours de Paris, Lyon, Colmar et Besançon, a décidé, par arrêts des 27 janvier, 5 décembre et 19 décembre 1862, qu'en matière de transports par chemin de fer, l'indemnité pour cause de retard reste soumise au principe de la liberté des conventions, à la différence de ce qui concerne le prix et le délai du transport.

En l'absence d'une convention ultérieure ou préalable à cet égard, c'est aux tribunaux à arbitrer l'indemnité due, en raison du préjudice provenant du retard.

Les dispositions qui fixent des délais règlementaires pour l'expédition des marchandises remises aux chemins de fer, s'opposent-elles à ce que les compagnies prennent, envers un expéditeur, l'engagement, soit tacite, soit formel, de transporter ses marchandises dans un délai plus court? La doctrine avait admis la négative, la Cour de Cassation, par arrêts du 5 mai et 11 juin 1869, du 21 février et 9 mai 1870, a admis au contraire l'affirmative, en se basant sur ce qu'un pareil engagement contracté par une compagnie constituerait un traité particulier et de faveur et serait contraire au principe absolu d'égalité qui domine la règlementation des transports de marchandises par les voies ferrées. D'ailleurs, les délais établis par les cahiers des charges étant obligatoires en faveur des compagnies et contre elles, les conventions particulières, fussent-elles expresses, ne sauraient prévaloir contre les règlements et servir de base en cas d'inexécution à des actions en dommages-et-intérêts.

Les compagnies qui n'usent pas habituellement du bénéfice des délais règlementaires, ne sont pas censées, pour cela, avoir renoncé au bénéfice des délais, et d'ailleurs, une pareille renonciation ne serait pas obligatoire (Cassation, 8 avril et 31 juillet 1867, 16 mars 1869, 9 mai 1870, 21 août 1871).

Les obligations des compagnies et leur responsabilité sont les mêmes que celles des entrepreneurs ordinaires de transports; elles répondent non-seulement de la perte, mais encore de l'avarie des objets qui leur sont confiés, et les règles de cette responsabilité sont celles que nous avons déjà développées. Un jugement du tribunal de Strasbourg, du 11 décembre 1868, en, appliquant aux compagnies de chemins de fer les règles du dépôt nécessaire, et en décidant que la surveillance que les compagnies doivent exercer dans leurs gares, les rend responsables de la perte des effets d'un voyageur dès que ces effets sont déposés dans les gares, a étendu cette responsabilité à un cas où il semblerait, de prime abord, qu'elle ne devrait pas être engagée, et a rendu l'assimilation aussi parfaite que possible.

Les compagnies sont aussi responsables, nous l'avons vu plus haut, des retards dans le transport.

Les dispositions de l'art. 105 du code de commerce, portant que la réception des objets transportés et le paiement du prix de la voiture, éteignent toute action contre le voiturier, est applicable aux compagnies de chemin de fer, comme à toutes les autres entreprises de transport. Les dispositions de cet article étant générales excluent toute distinction entre tel ou tel mode de transport.

Les cahiers des charges imposent aux compagnies l'obligation de faire, soit par elles-mêmes, soit par un intermédiaire dont elles répondront, le factage ou le camionnage, pour la remise, au domicile des destinataires, des marchandises qui leur sont confiées. Les tarifs à percevoir seront fixés par l'administration et applicables à tout le monde sans distinction. Les expéditeurs ou les destinataires, ont le droit de faire faire ou de faire eux-mêmes ce camionnage, alors même qu'il aurait été convenu que le lieu de la livraison serait le domicile du destinaire et serait en dehors du rayon où le camionnage est obligatoire pour la compagnie.

Le plus souvent il est établi des entreprises particulières, pour terminer, là où le camionnage n'est plus obligatoire, les transports commencés par le chemin de fer. Les compagnies ne peuvent, sous les peines portées en l'article 419 du code pénal, faire directement ou indirectement avec ces entreprises de transports ou de marchandises par terre ou par eaux, sous quelque dénomination que ce puisse être, des arrangements qui ne seraient pas consentis en faveur de toutes les entreprises desservant la même route. Cette prohibition a été établie par la loi du 11 juillet 1845, et même avant cette loi, un arrêt de la cour de Nîmes, du 11 mai 1843, avait décidé que les concessionnaires ne pouvaient concéder, de leur côté, à une entreprise particulière le droit exclusif de pénétrer dans la gare pour y amener et recevoir des voyageurs. Dès qu'il s'établit sur la même route une entreprise rivale de celle à laquelle la compagnie a fait des avantages, la compagnie a l'obligation de lui faire immédiatement les mêmes avantages, et il n'est pas même nécessaire pour cela, que l'entreprise établie postérieurement à un traité ait demandé à jouir des avantages contenus dans ce traité. La compagnie ne peut pas non plus accorder à une entreprise des avantages qu'elle refuserait aux autres, sous prétexte qu'elle userait de la voie ferrée jusqu'à la localité où les autres ont leur point de départ (Orléans, 22 décembre 1851), ou qu'elle se chargerait, sous sa responsabilité personnelle du transport des voyageurs et des marchandises inscrits sur ses feuilles pendant le trajet traversé par la voie de fer.

Les tribunaux compétents pour régler les contestations entre les voyageurs et les compagnies de chemins de fer pour ce qui a trait aux modifications apportées aux tarifs en violation des droits acquis ou des formes prescrites par la loi, sont les tribunaux compétents dont nous avons parlé au paragraphe précédent, c'est-à-dire les tribunaux de commerce, ou, depuis la loi du 25 mars 1838, les juges de paix. Nous ne pourrions que répéter ici ce que nous avons dit alors et qui a reçu son application dans un jugement du tribunal de la Seine, du 18 octobre 1871.

Mais devant quel tribunal le voyageur, s'il est demandeur, devra-t-il porter son action? S'il choisit la juridiction civile, nous croyons qu'aux termes de l'art. 69 du code de procédure, il devra assigner la compagnie devant le juge du lieu où elle a un gérant qui la représente et en la personne de ce gérant. S'il choisit la juridiction commerciale, il pourra, par une saine application des principes posés en l'art. 420 du code de procédure, porter son action devant le tribunal de commerce dans le ressort duquel se trouve la station de départ ou d'expédition (c'est le lieu de la promesse et de la livraison), et devant le tribunal dans le ressort duquel se trouve la station d'arrivée (c'est le lieu d'exécution, le lieu du paiement).

Une solution qui tend à prévaloir dans la jurisprudence est celle-ci : une compagnie de chemin de fer est valablement assignée devant le tribunal dans le ressort duquel se trouve une gare, pouvant, à raison de son importance, et du personnel qui s'y trouve réuni, être considérée comme un centre principal ou une succursale du siège social de cette compagnie (Orléans, 19 juin 1867 et 20 novembre 1868 ; Poitiers, 28 décembre 1868; Cassation 30 novembre 1867, 15 décembre 1869 et 2 juillet 1872).

CHAPITRE IV

Du louage sur devis et marchés

§ 1er. — NOTIONS GÉNÉRALES

Le 3e cas de louage d'ouvrage prévu par le code, est celui où l'ouvrage est donné à l'entreprise sur devis et marchés. Le devis est l'indication des travaux à faire, de leur étendue, de leurs dimensions et proportions, des matériaux à employer ainsi que du prix des matériaux et de la main-d'œuvre. Ce devis ou plan dressé par un architecte ou un entrepreneur, forme la base ou la règle du marché que l'on arrête avec lui pour la construction. Par prix fait ou forfait, on entend une somme d'argent fixe, quel que soit le temps employé par l'ouvrier à faire l'ouvrage.

Il y a différentes manières de faire les marchés.

1° Au *métré*. En ce cas le prix est payé à tant le mètre.

2° *A la clef.* L'entrepreneur s'oblige alors à fournir tout ce qui est nécessaire à la construction.

3° *Au rabais.* Le marché se fait, par adjudication, avec celui qui offre de le faire au plus bas prix. C'est ainsi que sont généralement concédées les entreprises de travaux publics.

Ordinairement les contrats de marchés sur devis sont rédigés par écrit, soit sous seing privé, soit devant notaire. Dans l'écrit

sont relatées les conventions des parties, le prix de l'ouvrage
entier ou du mètre ou des matériaux, et alors, comme l'écrit fait
preuve, il est prudent de bien définir l'étendue et le mode de l'ouvrage à faire. Les conditions qui n'ont pas été réglées par les
parties sont déterminées par les usages du lieu de la construction.

Lorsqu'il n'y a aucun écrit, soit comme devis, soit comme
marché, le contrat se trouve suffisamment formé dès que l'entrepreneur se met à l'ouvrage et que le maître de la construction
le laisse faire. Il résulte de ce silence du maître, la présomption
d'une convention tacite, de la fixation tacite d'un prix, éléments
suffisants pour un contrat consensuel comme le louage d'entreprise. Si le prix n'a pas été réglé, il doit être fixé d'après l'usage des lieux.

La 3e section, quoique ayant beaucoup d'analogie avec la première, en diffère cependant d'une manière assez sensible pour
qu'il ne soit pas possible de les confondre. L'objet du contrat de
louage d'entreprise est l'obtention d'un résultat préfixe, défini,
convenu, dont le maître a remis l'issue à l'ouvrier, et que celui-ci
a promis de réaliser par son industrie, moyennant un prix fait,
abstraction faite du temps qu'il y emploiera. Dans ce cas, l'ouvrier n'est libéré de son obligation qu'autant qu'il a livré l'ouvrage en bonne réception, et le maître ne doit le prix qu'autant
que l'ouvrage est terminé et agréé par lui.

Dans le louage de services tel qu'il est réglé par l'art. 1780,
l'ouvrier ne fournit que son travail, il applique son temps et
son intelligence à la chose du maître à la charge duquel reste le
résultat.

Nous retrouvons donc parfaitement existante, quoique non for-
mulée par le Code, la distinction établie par le Droit Romain entre la *locatio operarum* et la *locatio operis*. L'entreprise sur devis
n'est pas autre chose que la *locatio operis perfecti*, puisque, comme nous venons de le dire, le but de ce contrat est l'obtention
d'un résultat préfixe, d'un ouvrage complet.

§ 2. — L'ENTREPRISE SUR DEVIS ET MARCHÉS EST-ELLE UN CONTRAT
DE LOUAGE QUAND L'OUVRIER FOURNIT LA MATIÈRE, OU BIEN EST-
ELLE UN CONTRAT DE VENTE ?

Dans le Droit Romain, nous l'avons vu, et notre ancienne jurisprudence avait suivi la doctrine romaine, on pensait, après
controverse, que lorsque l'ouvrier fournissait la matière, il n'y
avait pas deux contrats, un louage et une vente, mais qu'il n'y
avait qu'un contrat, et on avait soumis cette convention aux
règles de la vente.

MM. Duranton et Duvergier ont soutenu que les rédacteurs
du Code avaient changé sur ce point l'ancienne jurisprudence.
MM. Delvincourt, Demante, Troplong et Marcadé sont d'un avis
contraire.

Les rédacteurs du Code civil, sont partis de cette idée juste et
simple, dit M. Duvergier, que dans le louage d'ouvrage la matière et le travail qui finissent par se confondre et former un
tout nouveau, peuvent être intellectuellement considérés comme des éléments séparés, et il apporte à l'appui de sa thèse cet
argument que les art. 1787 et 1788, qui règlent cette hypothèse,
sont placés sous la rubrique des devis et marchés formellement
classés par le Code dans les espèces que peut présenter le contrat de louage.

M. Troplong, adoptant la doctrine de M. Delvincourt, ne peut
voir dans une pareille convention un louage pur et simple.
Il invoque l'autorité historique du Droit Romain et de l'ancienne jurisprudence, et la preuve plus convaincante tirée de
la discussion au Conseil d'État et au Tribunat des art. 1711 et
1787.

Lors de la discussion de l'art. 1711, M. Regnaud fit observer que
les devis, marchés ou prix faits étaient une convention qui dé-
passait les bornes du louage, lorsque, outre son travail, l'ouvrier

fournit la matière, et sur ses observations on ajouta ces mots: lorsque la matière est fournie par celui pour qui l'ouvrage se fait.

En outre, la première rédaction de l'art. 1787 était ainsi conçue dans le travail préparatoire proposé au Conseil d'Etat : « Lorsqu'on charge quelqu'un de faire un ouvrage, on peut conve° nir qu'il fournira seulement son travail ou son industrie ou bien qu'il fournira aussi la matière. Dans le premier cas, c'est *un pur louage*, dans le second, c'est *la vente d'une chose une fois faite.* » Le Tribunal, dans sa séance du 23 pluviôse an XII, proposa de supprimer ces deux derniers alinéas comme n'ayant pas le caractère d'une disposition législative, et cette suppression permet d'affirmer que l'ancienne jurisprudence, reproduite dans l'art. 1711, a été maintenue. D'ailleurs, M. Mouricault disait que quand l'ouvrier fournit la matière le contrat se rapproche de la vente ; que si au contraire l'ouvrier n'a promis que son travail, ou même des matériaux, si la chose principale est fournie par le maître, c'est un véritable bail d'ouvrage. Il n'est donc pas nécessaire, pour qu'il y ait louage, que celui qui fait travailler fournisse la totalité de la matière. Lorsque j'envoie chez mon tailleur l'étoffe pour en faire un habit, disait Pothier, quoique le tailleur, outre la façon, fournisse le fil, les boutons, même la doublure ou les galons, notre marché n'en sera pas moins un contrat de louage par ce que l'étoffe que je fournis est ce qu'il y a de principal dans un habit. Et Marcadé fait observer que lorsqu'un entrepreneur se charge de faire une maison, même en fournissant les matériaux, c'est un louage parce que les matériaux ne sont que l'accessoire par rapport au sol qui est le principal. *Œdeficium solo cedit*

L'opinion de M. Troplong est celle que nous adoptons, en conformité avec la doctrine romaine, avec notre ancienne jurisprudence. Et une fois ce principe posé que lorsque l'ouvrier fournit, en outre de son travail, la matière sur laquelle il travaille, nous avons une vente, nous pourrons, par une stricte et facile application de ce principe, passer sous silence et ne pas discuter des questions en apparence difficiles, mais dont la solution sera évidente lorsqu'on se rapportera aux règles de la vente. Par exemple, dans le cas où un entrepreneur bâtit sur son propre sol avec ses matériaux, bien qu'il ait adopté pour sa construction les plans d'une personne qui se propose de lui acheter plus tard, il devra être considéré plutôt comme vendeur que comme locateur, et on devra lui appliquer les règles de la garantie en matière de vente, et non les règles de la responsabilité en matière de louage d'ouvrage.

§ 3. — RESPONSABILITÉ DE L'ENTREPRENEUR

Les effets des conventions prévues par l'art. 1787 sont réglés par les articles suivants que nous allons successivement passer en revue.

Les art. 1788, 1789, 1790 et 1791, traitent de la responsabilité de l'entrepreneur et de la vérification de l'ouvrage. Nous avons longuement développé la théorie romaine, nous n'avons pas à y revenir. Dans notre ancienne jurisprudence, Pothier avait proposé des solutions analogues à celles du Droit Romain, et se rattachant toutes à ce principe, *res perit domino*, soit que le maître eût fourni les matériaux, soit que l'ouvrier travaillât sur sa propre matière.

Si l'ouvrier travaille sur la matière à lui fournie, on peut considérer le louage comme composé de deux éléments distincts avant que la perfection de l'ouvrage en ait fait un tout homogène. Les rédacteurs du Code ont donc considéré que chacun restait maître de sa chose, l'ouvrier de son travail, le maître de sa matière. Cette distinction une fois établie, ils ont pensé que lorsqu'un accident frappe la chose formée par la réunion des deux autres, et en entraîne la perte, cette perte doit être supportée par les contractants à raison de ce qui a procédé de chacun dans la formation de l'objet du contrat. Ainsi l'ouvrier perdra tantôt son travail seulement s'il n'a fourni que son travail, tantôt son travail et la matière s'il a fourni l'un et l'autre. « La matière, « dit M. Mouricault parlant du cas où elle a été fournie par le « maître, périt pour son compte, et l'ouvrier perd le prix de son « travail, parce qu'ils sont demeurés propriétaires à part, l'un « de sa chose, l'autre de son travail. »

L'art. 1788 est en harmonie avec ces principes lorsqu'il décide que la perte sera à la charge de l'ouvrier, lorsqu'il fournit la matière, de quelque manière que la chose vienne à périr, avant d'être livrée, à moins que le maître ne soit en demeure de la recevoir. La convention dont il s'agit peut être regardée comme une vente conditionnelle, comme sont toutes les ventes de choses futures. Elle ne se réalise que par la perfection de l'objet à créer, et en attendant, la perte est pour le propriétaire, c'est-à-dire pour l'ouvrier qui, jusqu'à l'offre par lui faite de livrer l'ouvrage, en demeure propriétaire. Mais si celui qui a commandé le travail était en demeure de le recevoir, la perte serait pour lui.

L'ouvrier, aux termes de l'art. 1879, est responsable de l'accident arrivé par sa faute, c'est-à-dire qu'il n'aura pas droit à son salaire, et qu'en outre il devra payer le prix de la matière. La faute qui engage sa responsabilité est la faute légère ; il n'est pas tenu de la faute très-légère, c'est-à-dire de cette habileté qui excède les bornes ordinaires de l'aptitude humaine ; il suffit qu'il apporte, outre la connaissance de son art, *spopondit peritiam artis*, le zèle, l'attention et la vigilance d'un ouvrier diligent.

Si la chose a péri par force majeure ; si, par exemple, les objets à lui confiés lui ont été volés, l'ouvrier perdra son industrie et son salaire, le maître perdra la matière ; mais si l'ouvrier était en demeure de livrer le travail promis, la perte totale serait pour son compte (art. 1138).

Si la chose vient à périr par un vice intrinsèque, la perte totale doit être supportée par le maître, qui devra le salaire promis à l'ouvrier, à moins que le vice de la chose ne fût assez manifeste pour que l'ouvrier eût pu l'apercevoir et en prévenir le maître. C'est en vertu de ce principe que l'art. 1792 rend l'architecte responsable, même des vices du sol sur lequel il bâtit.

Il est évident encore que l'ouvrier qui a entrepris le travail à ses périls et risques, sera tenu, alors même que l'accident serait arrivé par un vice de la matière.

Mais dans tous ces cas que nous venons de passer en revue, l'ouvrier est présumé en faute, c'est à lui à prouver que la perte provient de la force majeure ou du vice de la chose. Il est débiteur d'une chose qu'il est tenu de restituer, puisqu'aux termes de l'article 1138, l'obligation de livrer est parfaite, par le seul consentement des parties contractantes ; s'il ne peut opérer cette livraison, c'est à lui à s'exonérer en fournissant la preuve de l'excuse valable qui lui sert d'exception.

Comment l'ouvrier peut il s'affranchir de cette responsabilité? Par la livraison et la réception, ou tout au moins par l'agrément du maître et par la vérification.

Cette vérification ne peut être faite que quand l'ouvrage est terminé, s'il a été entrepris *per aversionem* ; elle pourra se faire partiellement, s'il s'agit d'un ouvrage à plusieurs pièces ou à la mesure, car il est censé y avoir autant de contrats de louage qu'il y a de pièces ou de mesures. L'art. 1791 décide que la vérification est censée faite pour toutes les parties payées, si le maître paie l'ouvrier en proportion du travail fait. M. Duvergier ne pense pas cependant que des à-comptes donnés pendant la durée des travaux, sans affectation spéciale à certaines portions de l'ouvrage, puissent être considérés comme une vérification. Des à-comptes pareils, en effet, ne sont qu'une avance, une sorte de prêt qui, bien que venant plus tard en déduction du prix, et quoique consenti à cause des rapports nés entre les parties contractantes, à l'occasion du contrat, ne peuvent rien préjuger de l'opinion du maître sur la qualité du travail déjà effectué.

L'art. 1792 qui traite de la responsabilité des constructeurs d'édifices, et fixe à 10 ans la durée de cette responsabilité, est un article d'exception qui ne saurait peser sur les autres ouvriers. La réception les décharge non-seulement de la responsabilité pour la perte arrivée par force majeure, mais encore du recours pour mal-façon. La discussion qui eut lieu au Conseil d'Etat, le langage des art. 1788 à 1791, qui établissent la responsabilité avant la vérification, et partant, l'excluent après, non moins que le silence du Code sur une prescription d'un an admise dans l'ancienne jurisprudence, démontrent péremptoirement que le seul fait de la réception les libère complètement, à moins de convention contraire, si, par exemple, l'ouvrier a garanti pendant un certain temps la bonté ou la solidité de l'ouvrage. Il en est de même quand l'ouvrier exécute l'ouvrage avec sa propre chose, car alors, comme nous l'avons établi, il est soumis à toutes les obligations du vendeur, et il répond même des défauts cachés de la chose ; mais bien entendu cette action en garantie devra être entendue à bref délai.

L'art. 1792, qui, comme nous venons de le dire, s'occupe de la responsabilité spéciale qui pèse sur les constructeurs d'édifices, est ainsi conçu :

Si l'édifice construit à prix fait périt en tout ou en partie par le vice de la construction, même par le vice du sol, les architectes et entrepreneurs en sont responsables pendant 10 ans.

L'architecte diffère de l'entrepreneur en ce qu'il trace les plans et devis pour les constructions, en dirige les travaux, règle les mémoires présentés par l'entrepreneur et vérifie les objets fournis, tandis que l'entrepreneur spécule sur les constructions, se charge de les exécuter par lui-même ou des ouvriers qui travaillent pour son compte et avec lesquels il traite seul, soit en fournissant la totalité ou partie des matériaux, soit en fournissant seulement son industrie. Les architectes sont parfois entrepreneurs lorsqu'ils se chargent de faire les constructions. Les honoraires des architectes qui ont fait les plans et devis, surveillé les travaux et reçu les ouvrages exécutés sont ordinaire-

ment de 5 0/0 sur la valeur des constructions; une circulaire
ministérielle du 9 septembre 1865, prescrit que pour celles faites
en excédant ils seront fixés à un taux moindre et ne pourront
être réclamés au-delà d'une certaine quotité.

La loi 8 au Code, *de operibus publicis,* fixait la durée de la responsabilité des architectes et entrepreneurs à 15 ans pour les ouvrages publics, et restait muette pour les ouvrages privés. L'ancienne jurisprudence admettait qu'elle durait 15 ans pour les
ouvrages tant publics que privés. La jurisprudence du Châtelet
la réduisit à 10 ans. Le Code a reproduit ce qui était le droit
commun avant lui.

Les architectes et entrepreneurs sont responsables de la perte
totale ou partielle d'un édifice, qu'elle résulte d'un vice de construction ou d'un vice du sol.

La mal-façon d'une construction engage la responsabilité de
l'entrepreneur; cette précision manquait dans le texte primitif
de l'art. 1792, mais elle fut faite sur les observations de M. Bé-
renger; la vérification même des ouvrages ne pourra empêcher
qu'elle ne dure 10 ans, car si la vérification met en lumière certains défauts, le vice de certains détails, il en est d'autres au
contraire que le temps seul peut faire découvrir, d'autres que la
vérification, le plus souvent, extérieure, qui ne porte que sur les
proportions et sur le plan, ne pourra faire connaître.

L'architecte qui est chargé de la vérification peut, sans être
pour cela de connivence avec l'entrepreneur, être coupable de
dol s'il ne dénonce pas un vice de construction, que toute personne s'occupant de bâtiment peut reconnaître. Son incapacité
est alors une faute grossière, *Culpa lata est non intelligere quod
omnes intelligunt,* et elle est assimilée au dol. Il est aussi responsable des plans et devis qu'il a donnés, si ces plans ont donné
lieu à quelque vice de construction.

Le vice du sol qui entraîne la ruine de l'édifice doit être im-
puté à l'entrepreneur; il doit assez connaître son art et avoir assez étudié le terrain pour savoir s'il est en état de supporter la
construction. Mais s'il s'est aperçu de ce vice, s'il l'a dénoncé

au propriétaire et si, malgré cela, celui-ci a ordonné de continuer la construction, cette responsabilité continuera-t-elle de peser sur l'architecte? Oui, si l'on consulte le texte de l'art. 1792; oui, encore, si on consulte l'historique de la rédaction de la loi. Le projet du code portant une disposition ainsi conçue : Si l'édifice donné à prix fait périt par le vice du sol, l'architecte en est responsable, *à moins qu'il ne prouve avoir fait au maître les représentations convenables pour le dissuader d'y bâtir.* La section de législation supprima ce dernier membre de phrase. Le consul Cambacérès aurait voulu le rétablir, mais, sur les observations de Bigot-Préameneu, Tronchet, Réal et Treillard, la suppression en fut maintenue. La jurisprudence fixée par un arrêt de la Chambre des requêtes de la cour de Cassation, du 10 février 1835, a adopté cette solution reproduite depuis par des arrêts des cours de Paris, de Bordeaux et de Bastia. On ne peut même stipuler que le constructeur ne sera pas tenu des vices du sol. Ce serait une clause contraire à l'ordre public. L'entrepreneur responsable de la perte arrivée par le vice des matériaux, l'est encore, bien que le maître ait choisi lui-même les matériaux et réglé leurs forces (Paris, 9 juin 1853).

La durée de cette responsabilité est, nous l'avons vu, fixée à 10 ans qui courent à compter du jour de la réception des travaux, ou du jour où le maître a été mis en demeure; la mise en demeure permet de supposer que les travaux sont finis et en état d'être vérifiés et agréés par le maître. Un arrêt de la cour de Paris, du 20 juin 1857, décide que cette responsabilité cesse avant les 10 ans, lorsqu'il est établi que le maître n'a voulu élever que des constructions légères et d'une durée restreinte.

L'art. 2270 étend cette responsabilité à tous les gros ouvrages quelconques, de construction ou de reconstruction, ce qui embrasse non-seulement l'édification d'un édifice complet, mais aussi les réparations ou réfections de murs ou parties d'édifices, la construction d'un puits (Paris, 2 juillet 1828), la construction d'un canal ; il dispose en outre que l'entrepreneur sera responsable de tous les gros ouvrages qu'il aura faits ou dirigés ; même de ceux dont il aura fourni le plan si ce plan renfermait des indications vicieuses qui ont occasionné la perte. On doit évidemment considérer comme directeur des travaux l'architecte qui a fait le plan, quand même il n'aurait pas présidé à leur exécution, s'il est prouvé que son plan a été suivi et que c'est par l'indication vicieuse qu'il contenait que la perte est arrivée. Ils sont responsables quoique les ouvrages soient conformes aux plans et qu'ils aient été reçus et vérifiés.

Il est encore un point sur lequel l'art. 2270 a ajouté à l'art. 1792. L'art. 1792 envisage les cas de perte totale ou partielle, l'art. 2270 embrasse tous les cas graves de mal-façon, tous ceux qui, sans mettre l'édifice en danger de périr, constituent un vice caché de nature à empêcher qu'il n'y ait bonne construction. Nous disons vice caché, car la Cour de Lyon, par un arrêt du 18 juin 1835, a décidé que si le vice était apparent, la réception élèverait une fin de non-recevoir contre l'action en responsabilité pour mal-façon.

Qui doit prouver que la perte totale ou partielle a eu lieu par défaut de construction ou par vice du sol ? le propriétaire demandeur en indemnité. L'ouvrier ayant livré la chose est libéré, à moins qu'on ne lui prouve que sa responsabilité est engagée.

Lorsque dans les 10 ans, pendant lesquel l'architecte est responsable, l'édifice s'ébranle ou manifeste de graves défauts, l'action dure trente ans à compter du jour où le vice de construction a éclaté. Les dix ans dont parle l'art. 1792, sont un délai après lequel l'action en responsabilité ne peut plus naître, mais lorsque cette action est née, comme le Code ne lui assigne pas de prescription spéciale, elle dure trente ans.

Après 10 ans, si les vices dont nous avons parlé ne se sont pas manifestés, l'entrepreneur est censé avoir fait un bon ouvrage, et il n'est plus garant des détériorations qui sont l'effet du temps ou de la vétusté.

Les architectes ou entrepreneurs sont encore responsables,

bien que le Code ne le dise pas, du tort qu'ils peuvent causer aux propriétaires par l'inobservation des règlements ; par exemple, l'architecte ou l'entrepreneur qui élèverait un mur au-delà de l'alignement fixé par les règlements de voirie devrait indemniser les propriétaires des frais de reculement ou de nouvelle construction.

§ 4. — DES CHANGEMENTS DE PLANS ET DES AUGMENTATIONS DE PRIX.

L'art. 1793 a été édicté, suivant les expressions de la Cour de Lyon, pour arrêter les funestes effets du dol et des manœuvres des ouvriers.

Il est ainsi conçu :

Lorsqu'un architecte ou un entrepreneur s'est chargé de la construction à forfait d'un bâtiment d'après un plan arrêté et convenu avec le propriétaire du sol, il ne peut demander aucune augmentation de prix sous le prétexte de l'augmentation de la main-d'œuvre ou des matériaux, ni sous celui d'augmentations ou de changements faits sur ce plan, si ces changements ou augmentations n'ont pas été autorisés par écrit et le prix convenu avec le propriétaire.

Si le plan a été modifié de concert avec le propriétaire, l'entrepreneur doit être évidemment indemnisé de ce surcroît de travail et de dépenses, mais pour avoir droit à cette indemnité, il faut que les changements ou augmentations soient autorisés par écrit et que le prix en soit convenu avec le propriétaire. L'absence de l'autorisation écrite emporte la présomption *juris et de jure* que les changements ou augmentations, s'ils ont été convenus, n'ont donné lieu à aucune augmentation de prix, et aucune preuve n'est admise contre cette présomption.

La retouche du plan par le propriétaire, bien qu'étant de sa part une sorte d'approbation aux changements de plan, n'emporte pas consentement à une augmentation de prix. L'écriture seule peut servir à prouver la modification d'un plan arrêté, convenu, écrit, et dont elle doit former un appendice inséparable. Mais il n'est pas de même nécessaire que le prix convenu, pour ces changements et augmentations, soit écrit ; c'est une convention qui peut être prouvée par un interrogatoire sur faits et articles ou par le serment.

L'architecte n'est pas recevable non plus à demander une indemnité pour cause d'augmentation du prix des matériaux ou de la main-d'œuvre, non plus que pour erreur de son évaluation ; ce serait ouvrir la porte à trop d'actions en indemnité que d'accorder une pareille latitude.

Nous ne pouvons pas admettre, avec M. Duvergier, que l'art. 1793 s'applique au cas où l'architecte bâtit sur son terrain un édifice dont le plan a été convenu avec une personne qui se propose de devenir propriétaire du terrain et de la construction. Nous avons expliqué qu'une pareille convention est une vente, tandis que M. Duvergier pense, au contraire, que c'est un louage. Du point de vue différent d'où nous partons, il n'est pas étonnant que nous arrivions à deux solutions différentes.

L'art. 1793 ne s'applique non plus, croyons-nous, qu'au cas où les conditions du marché sont réglées et arrêtées par un plan. Si le propriétaire s'est aventuré dans les travaux sans stipuler un prix à forfait, et sans lier l'entrepreneur par un plan, on rentre dans le droit commun.

§ 5. — CAUSES D'EXTINCTION DU LOUAGE A FORFAIT

Les art. 1794, 1795 et 1796 traitent des causes qui mettent fin au louage à forfait. L'art. 1794 s'occupe de la résiliation du contrat par la volonté du maître ; les art. 1795 et 1796 indiquent la mort de l'ouvrier, de l'architecte ou de l'entrepreneur comme causes de résolution.

Le maître, dit l'art. 1794, peut résilier par sa seule volonté le marché à forfait, quoique l'ouvrage soit déjà commencé en dédommageant l'entrepreneur de toutes ses dépenses, de tous ses travaux, de tout ce qu'il aurait pu gagner dans l'entreprise.

La volonté du maître a assez de puissance pour arrêter le travail. La loi n'a pas voulu qu'on pût exiger de lui des dépenses que des revers de fortune ou des circonstances impérieuses ne lui permettent plus de faire. Cependant, comme les intérêts de l'ouvrier doivent être sauvegardés, le maître ne peut exercer son droit de résolution qu'à condition de l'indemniser de toutes ses dépenses, de tous ses travaux, et même de tout ce qu'il aurait pu gagner dans l'entreprise.

Ces derniers mots seuls ont besoin d'une explication. D'abord, pour calculer le *lucrum cessans*, dont doit être indemnisé l'ouvrier, on ne doit pas prendre pour point de départ le bénéfice qu'il aurait pu faire dans d'autres entreprises qu'il a refusées, mais celui qu'il aurait fait dans l'entreprise avortée; on lui doit le bénéfice entier qu'il aurait fait si l'entreprise avait été menée à bonnes fins, et cela sans restrictions, sans limitations.

Si le maître avait déjà payé le prix, est-il fondé à le répéter ? Le droit Romain lui accordait une *condictio sine causâ*, et dans notre droit actuel il a droit à la répétition d'un prix qu'il ne devait qu'autant que l'œuvre serait parachevée.

Le maître peut-il ainsi résilier *ad nutum* un marché conclu, à la pièce ou à la mesure ? oui, *a fortiori*; qui peut le plus, peut le moins.

Son droit passe-t-il à ses héritiers ? C'est là une question qu'il suffit de poser pour que l'affirmative paraisse évidente par une saine application des principes du droit commun.

Le maître peut seul résilier ainsi *ad nutum* le contrat d'entreprise. Malgré l'apparente réciprocité de droits existant entre le maître et l'ouvrier, il n'est pas permis à ce dernier de résilier le contrat par le seul effet de sa volonté. L'art. 1795 décide que du côté de l'ouvrier il n'y a lieu à résolution que par la mort de l'ouvrier, de l'architecte, de l'entrepreneur, et l'art. 1796 règle les conséquences du principe posé dans l'art. 1795.

Il n'est plus question, on le voit, de la distinction établie par l'ancienne jurisprudence, entre les ouvrages loués, *intuitu personæ*, et ceux où la considération de la personne de l'ouvrier n'entre pour rien. Cette considération est présumée par le Code exister dans toutes conventions ayant trait au louage d'ouvrage sans que cependant l'art. 1895 soit en contradiction avec l'art. 1237, qui permet à l'entrepreneur de se faire aider ou même de faire faire l'ouvrage par un autre.

Mais, dispose l'art. 1796, le propriétaire est tenu de payer, en proportion du prix porté par la convention, à leur succession, la valeur des ouvrages faits et celle de matériaux préparés, lors seulement que ces travaux ou ces matériaux peuvent lui être utiles. Mais si les travaux et les matériaux n'ont pour le maître aucune utilité, par exemple lorsque les travaux sont peu avancés, les héritiers n'ont droit à aucune indemnité. Cette disposition excita, de la part de plusieurs Cours, de violentes réclamations; il est cependant bien facile de la justifier.

La résolution est absolue, réciproque, commandée par la force des choses; l'ouvrier, en préparant les matériaux, a fait une spéculation, et de même qu'il court la chance du bénéfice, il court aussi la chance des événements de force majeure qui amènent des résultats fâcheux. Mais s'il a retiré une utilité de l'exécution de la convention et de l'emploi des matériaux, le maître doit indemniser les héritiers de l'entrepreneur *quatenus locupletior factus est,* jusqu'à concurrence de l'utilité qu'il en aura retirée.

L'art. 1797 est ainsi conçu :

L'entrepreneur répond du fait des personnes qu'il emploie. Cet article n'a pas besoin d'explication, la règle qu'il émet est de droit commun.

Les art. 1798 et 1799 ne font pas, à proprement parler, partie intégrante de la théorie du louage d'ouvrage. Le premier dispose que les maçons, charpentiers et autres ouvriers, qui ont été employés à la construction d'un bâtiment ou d'autres ouvrages faits à l'entreprise, n'ont d'action contre celui pour lequel les ouvrages ont été faits, que jusqu'à concurrence de ce dont il se trouve débiteur envers l'entrepreneur, au moment où leur action est intentée.

C'est une action directe donnée à ces ouvriers, bien qu'ils n'aient pas traité directement avec le propriétaire. Le propriétaire qui est saisi de leur demande, cesse d'être débiteur envers l'entrepreneur ; il se libère valablement entre les mains de ces ouvriers, mais cette action n'est pas un privilège puisqu'il n'y a pas concours de créanciers.

L'art. 1799 astreint aux règles ci-dessus développées et déclare entrepreneurs, dans la partie qu'ils traitent, les maçons, charpentiers, serruriers et autres ouvriers qui font directement des marchés à prix faits.

§ 6. — PRIVILÈGE DES ENTREPRENEURS

L'art. 2103, § 4, garantit la créance des entrepreneurs architectes et ouvriers par un privilège sur les immeubles.

Ce paragraphe est ainsi conçu :

Les créanciers privilégiés sur les immeubles sont... Les architectes, maçons, employés pour édifier, reconstruire ou réparer des bâtiments, canaux, ou autres ouvrages quelconques, pourvu néanmoins que par un expert nommé d'office par le tribunal de 1re instance, dans le ressort duquel les immeubles sont situés, il ait été dressé préalablement procès-verbal, à l'effet de constater l'état des lieux, relativement aux ouvrages que le propriétaire déclarera avoir dessein de faire, et que les ouvrages aient été, dans les six mois au plus de leur perfection, reçus par un expert également nommé d'office. Mais le montant du privilège ne peut excéder les valeurs constatées par le second procès-verbal, et il se réduit à la plus-value existant à l'époque de l'aliénation de l'immeuble, et résultant des travaux qui y ont été faits.

Ce privilège est fondé sur ce que les entrepreneurs et architectes et ouvriers, ont mis dans le patrimoine du vendeur une plus-value dont la valeur est affectée à leur paiement. Ce privilège doit être accordé à tous les ouvriers qui entreprennent des travaux d'art ou d'agriculture; cette extension est contenue dans le mot ouvrages quelconques; on ne saurait tirer contre notre opinion un argument de ce que des lois spéciales ont accordé un privilège aux ouvriers qui font des travaux de défrichement (art. 23 de la loi du 16 septembre 1807), ou qui font des travaux de recherches de mines (20 avril 1810).

L'ancienne jurisprudence n'accordait ce privilège que *quantum res pretiosior facta est*, sur la plus-value de l'héritage, mais comme cette plus-value aurait pu donner lieu à des difficultés, le Code a exigé deux procès-verbaux, l'un qui précède le commencement des travaux et qui constate l'état des lieux, relativement aux ouvrages que le propriétaire déclarera avoir l'intention de faire, l'autre qui devra être fait dans les 6 mois de la perfection des travaux. Sans l'accomplissement de ces formalités, les ouvriers sont réduits à la condition de créanciers chirographaires.

Sous l'empire de l'art. 2110, ce privilège se conserve par l'inscription de deux procès-verbaux, à la date de l'inscription du premier procès-verbal; si les ouvriers ont fait inscrire ce procès-verbal qui constate l'état des lieux avant de commencer les travaux, ils priment tous les créanciers hypothécaires inscrits sur l'immeuble grevé.

Mais s'ils ont effectué leur inscription au cours des travaux, ou après l'achèvement, il faut distinguer s'ils sont en conflit avec des créanciers hypothécaires inscrits avant ou après l'achèvement des travaux.

Dans le premier cas, l'inscription rétroagit et l'emporte sur les inscriptions hypothécaires les plus anciennes; mais dans le second, comme les tiers qui ont traité avec le propriétaire ont pu légitimement compter sur une plus-value déjà existante, il serait injuste de les priver de leurs espérances; aussi le droit des ouvriers n'est plus qu'une hypothèque légale qui prend rang du jour de son inscription.

Le décret du 26 pluviose an II, a déclaré nulles les oppositions faites sur les sommes dues par l'État à ses entrepreneurs en cours d'exécution des travaux, sauf celles qui auraient pour cause le salaire des ouvriers et les fournitures à faire pour ces travaux. On a craint que l'effet de ces saisies-arrêts fût de mettre l'entrepreneur hors d'état de faire face aux dépenses des travaux de l'État et d'en arrêter l'exécution. Il est décidé, par un arrêt de la Cour de Poitiers, du 28 février 1837, que ce décret a encore force et vigueur et est la règle suivie en pareille matière, et par arrêt de la Cour de Paris, du 28 août 1816, de Bruxelles, du 1er mars 1843, de Cassation, 21 juillet 1847, que ce décret, qui établit un privilège pour les fournisseurs et ouvriers des entrepreneurs de travaux publics, est une loi spéciale à laquelle il n'a pas été dérogé par les lois qui se sont succédé en matière soit de privilège, soit de faillite. En cas de difficulté sur la nature de ce privilège, c'est aux tribunaux civils qu'il appartient d'en connaître (avis du Conseil d'Etat, du 12 fév. 1819).

Ce décret du 26 pluviose an II, doit-il être appliqué aux travaux exécutés pour le compte d'un département? Il faut distinguer, pour résoudre cette question, entre le cas où l'Etat entre en participation dans la dépense, bien que les travaux intéressent surtout le département, et alors le décret du 26 pluviose an II, devra être appliqué, et le cas où il s'agira de travaux départementaux à payer sur les centimes facultatifs et extraordinaires laissés à la disposition des préfets. Dans ce cas, le décret du 26 pluviose an II, ne pourrait être invoqué à bon droit, puisqu'il s'agit d'intérêts complètement séparés de ceux de l'État, et que les privilèges ne peuvent pas s'étendre d'un cas à un autre.

La solution que nous venons de donner pour les travaux départementaux, s'applique également aux travaux à exécuter sur les fonds d'une grande ville ou d'une commune quelconque.

C'est ce qui a été décidé par 2 arrêts de la Cour de Paris, l'un du 27 août 1853, l'autre du 30 juillet 1857, pour des travaux de pavage d'une partie des boulevards extérieurs, qui ont accordé le privilège à cause de la participation de l'État, et par des arrêts de Lyon, du 21 janvier 1856, et de la Chambre des Requêtes, du 12 décembre 1831, qui l'ont refusé parce que l'État n'avait contribué en rien à la dépense,

APPENDICE

De la Convention formée avec les personnes exerçant des professions libérales

On discute chez nous, on discutait déjà à Rome la question de savoir si, lorsque celui qui promet ses services exerce une profession libérale, le contrat est un louage ou un mandat, ou un contrat *sui generis* d'une nature particulière. Les Athéniens ne connurent point les susceptibilités qui ont inspiré ces discussions, et de même qu'aux beaux jours de la Renaissance, Cujas et ses émules donnaient le nom de louages ou *conduites, conductiones*, aux traités par lesquels ils s'engageaient à enseigner dans les universités, de même aussi Protagoras, Isocrate, Aristippe ne rougissaient pas de réclamer leur salaire par la *misthoseos diké*; et ce qui existait pour les rhéteurs et les grammairiens, était également vrai pour les artistes.

A Rome, dans la Rome païenne surtout, où la pauvreté et le travail étaient l'objet du mépris universel, où l'on n'avait de considération que pour la richesse et le pouvoir, où tout ce qui sortait des mains de l'homme était regardé comme servile, le travail manuel, l'industrie et le commerce étaient l'objet du hautain mépris de ceux qui vivaient des fonctions publiques et des professions savantes. Un savant philosophe, Possidonius, traitait les premiers de *vulgares* et *sordidæ*, et Cicéron, dont on ne saurait contester la largeur dans les idées, a tracé dans son *de officiis*, la ligne de démarcation, en des termes qui prouvent qu'il ne s'était pas complètement affranchi des préjugés de son siècle. On condamne, dit-il, les professions qui encourent la haine publique, comme celle des usuriers et des employés aux péages, on tient pour basse et indigne d'un homme libre celle des mercenaires et de tous ceux dont on paie le travail et non le talent ; le salaire qu'ils reçoivent est en effet le prix de leur servitude. A ses yeux, les revendeurs sont des hommes vils, et l'atelier ne peut rien avoir de noble ; le cuisinier, le boucher, le charcutier, le pêcheur sont presque méprisables parce qu'ils servent à la sensualité ; mais la médecine, l'architecture, l'enseignement des arts libéraux sont des professions honnêtes pour le rang de ceux à qui elles conviennent.

Lorsque de telles idées sont émises par les esprits distingués d'un peuple, il est bien difficile qu'étant dans ses mœurs elles ne passent pas dans ses lois. Aussi bien que la plaidoirie de l'avocat, les soins du médecin, les plans de l'architecte, les leçons du professeur, paraissent à nos yeux un travail comparable à celui de l'ouvrier, puisqu'on peut dire que ce sont des travaux rémunérés à la tâche ou à la journée ; que ce qui diffère, c'est la nature du travail, non le mode de rétribution ; que la dépendance vis-à-vis du client est la même ; que si l'ouvrier peut être congédié, l'avocat, le médecin peuvent être remerciés par ceux qui les payent (ce qui n'est qu'une forme polie de congé), cependant il n'y avait pas entre l'avocat et son client, entre le médecin et son malade, entre le professeur et son élève un contrat de louage d'ouvrage. Nous avons vu, en effet, qu'il fallait, pour que ce contrat existât, que l'ouvrage fût un *opus illiberale*, c'est-à-dire que ce ne fût pas un de ceux dans lequel l'esprit a la plus grande part. Mais quel était donc le contrat intervenu entre ceux qui, pour employer le mot propre *liberales artes*, exerçaient les *liberales artes*, les *liberalia studia* et ceux qui avaient recours à eux. Était-ce un mandat? Non certes, puisque l'essence du mandat est d'être gratuit, et, dans la convention qui nous occupe, un prix est ordinairement stipulé et doit être payé.

La difficulté de résoudre la question était grande, nous l'avouons, mais l'habileté des jurisconsultes romains pour tourner les difficultés était plus grande encore; aussi ne tarda-t-on pas à voir reparaître l'ancienne chose sous un nom nouveau; la *merces* reçut le nom d'*honorarium*, et le nom de mandat-salarié fut donné au nouveau contrat.

Quels en étaient les caractères? Nous les avons déjà définis en disant que le nom seul était changé, que la chose restait la même, les règles du contrat de louage d'ouvrage devaient s'appliquer à l'une et l'autre des parties contractantes; seulement, comme la récompense de leurs services n'est pas un loyer, ils n'auront pas une action *locati*, mais bien une *condictio extraordinaria*, et nous trouvons au digeste un titre presque entier consacré à ces *condictiones extraordinariæ*. Le juge devra baser sa décision sur ce qu'il est d'usage de faire le plus ordinairement dans le lieu où ces personnes exercent leur profession, car leur action sort des règles ordinaires du droit, et prend son principe dans l'équité ou dans un devoir de reconnaissance.

Il nous reste maintenant à parcourir brièvement les diverses professions dont le travail rentrait dans la classe des mandats salariés.

Le premier cas est celui de l'*agrimensor* (loi 1 princ. dig. *si mensor falsum modum dixerit*, liv. 11, tit. 6), si un *agrimensor* s'est trompé dans le mesurage qu'il a fait de mes terres, n'aurai-je pas contre lui l'action *locati conducti*? Oui, s'il m'a loué son travail. Non, cependant, répond Ulpien; les anciens n'ont pas voulu que cette profession fût regardée comme un louage d'ouvrage; l'*agrimensor* reçoit un honoraire et non un prix, car son travail est un service gracieux, en reconnaissance duquel (*beneficii loco*) il reçoit l'honoraire.

Qu'était-ce donc qu'un *agrimensor*? À Rome, c'était une espè-

11

ce de fonctionnaire public de la propriété, « ses fonctions, dit M. Niebuhr dans son *Histoire du Droit Romain*, consistaient à mesurer et à partager les territoires dont on avait reçu l'assignation (on en déposait un plan dans les archives impériales et un autre dans les archives de la colonie). Ils mesuraient et cadastraient pour l'État, les terres non limitées régulièrement. Pour les propriétaires, ils étaient géomètres, conservaient ou retrouvaient les limites du *fundus* assigné. Ils marquaient les limites sur les terres indivises et à l'aide de dessins ou de signes particuliers, ils connaissaient tout changement illégal. Il fallait aussi qu'ils fussent instruits du droit en ce qui concerne les contestations qui pouvaient s'élever pour les propriétés rurales, car tantôt ils décidaient avec un pouvoir entièrement judiciaire, tantôt ils étaient choisis pour experts à raison de leurs connaissances. A l'époque de la décadence de l'empire, ils formaient une classe nombreuse et respectable, et Théodose le Jeune leur accorda le titre de *respectabiles*. Leurs travaux furent récompensés par l'État, qui leur assigna un salaire convenable. Comme les jurisconsultes, ils avaient ouvert des écoles régulières, et les étudiants mêmes étaient qualifiés de *clarissimi*. Merlin dit que les anciens auteurs avaient classé les opérations de l'arpenteur au nombre des arts libéraux, bien qu'elles se rattachent à des arts mécaniques, parce que l'agriculture étant en honneur chez les anciens, l'arpentage d'un champ se trouvait en quelque sorte ennobli.

Les plaidoiries des avocats sont-elles un mandat salarié ? Si l'on en croyait Sénèque le Tragique, les avocats ne sont que des commerçants vulgaires, qui vendent leurs bruyantes et injurieuses déclamations, et louent leurs actes et leurs paroles, et Cujas, irrité contre certains avocats incapables de le comprendre, jette des hauteurs de la science pure, un regard de dédain sur l'étalage d'un savoir mensonger, et sur la phraséologie intéressée du Forum, et il dit que les avocats de son temps sont l'espèce d'hommes la plus rapace qu'il y eût au monde (Cujas, Observations, liv. 2, chap. 28).

Cependant nous voyons au digeste (lois 10 et 11, liv. 50, tit. 13 *de extraordinariis cognitionibus*), que l'avocat qui consulte ou qui plaide n'est pas assimilé à l'ouvrier qui loue un travail manuel, et cette décision est juste. Le jurisconsulte Ulpien, qui n'avait pas à rechercher par des phrases satiriques les applaudissements du vulgaire, ou qui n'avait pas à se venger sur le corps tout entier des ennuis que lui causaient quelques-uns, a compris que si l'avocat n'est pas indifférent à l'espoir de l'honoraire qui récompensera son travail, il s'identifie cependant avec l'idée de son client, il s'enflamme et s'irrite pour elle, glorieux s'il est vainqueur, triste et découragé s'il est vaincu. Et ce ne serait certes pas l'amour du gain qui serait capable de prendre un masque qui le fît ressembler à la sympathie.

Le jurisconsulte signale encore (lois 1 et 2), les rhéteurs, les grammairiens, les géomètres. La chaire du professeur est une tribune d'où partent les premières directions qui ont sur les destinées de la jeunesse une très-grande influence. La première littérature prépare l'enfant aux arts libéraux, les arts libéraux fraient à l'adolescent la route de la vertu (Sénèque, lettre 88); il y a là toute une mission civilisatrice, toute une pensée d'humanisation.

Les médecins sont encore dans le même cas, et avec plus juste raison. Si le professeur s'occupe d'orner l'esprit et le cœur, le médecin a pour mission de sauver le corps; Ulpien est un peu réaliste, surtout lorsqu'il donne le nom de médecin à ceux qui ne soignent qu'une partie du corps, les *auricularii*, les dentistes, les occulistes, etc., il a oublié les pédicures, mais il a écarté les charlatans.

Ulpien se demande si les philosophes peuvent et doivent être assimilés aux professeurs, il n'hésite pas à répondre: non. Non, dit-il, que l'étude et l'enseignement de la philosophie ne soient des choses très-respectables, mais parce que la première qualité du philosophe est de travailler par amour de la sagesse et non dans l'espoir d'un gain.

La décision du jurisconsulte à l'égard des professeurs de droit, n'est pas moins sévère. Il peut paraître étonnant que chez un peuple où la science du droit était en si grande estime qu'elle était réservée aux premiers de la nation, aux patriciens et aux pontifes, l'enseignement de cette science fût abaissé à l'égal d'un vil commerce ou d'un travail manuel. C'est que les professeurs dont il parle, loin de se contenter des *minervalia*, avaient méconnu la sainteté et la dignité de leur ministère et avaient stipulé un prix de leurs leçons.

Ulpien assimile encore à ceux qui exerçaient des professions libérales, les *proxenetæ*, que nous appellerions aujourd'hui agents d'affaires, les *calculatores*, les *magistri ludorum litterarum*, les *librarii*, les *notarii*, et les *tabularii*.

Ce système du droit romain était passé tout entier dans notre ancienne jurisprudence, et Pothier l'a formulé avec la précision et la netteté qui caractérisaient son esprit.

Dans notre société actuelle où, sous l'influence du christianisme, le travail a été réhabilité à tous ses degrés et a reçu partout ses lettres d'affranchissement, où la dignité du travail sous toutes ses formes est le dogme fondamental de l'économie politique et de la civilisation, ces différences entre les arts libéraux et les arts mécaniques, entre l'ouvrier et le mandataire salarié ont-elles complètement disparu de nos mœurs et de nos Codes ?

De nos mœurs d'abord ? Quelque grande que soit la diffusion du sentiment d'égalité dans les masses, quelle que soit la forme du gouvernement établi, aristocratie ou démocratie, monarchie ou république, on ne pourra jamais faire disparaître les nuances qui distingueront toujours ces professions subalternes, qui spéculent sur les besoins physiques de l'individu, de celles, plus relevées, qui s'adressent à ses besoins moraux. Il est dans les professions comme dans les conditions physiques et intellectuelles des inégalités nécessaires que ni le temps ni les théories ne feront disparaître.

Mais nos Codes ont-ils adopté là-dessus les idées d'Ulpien et de Pothier, ou bien en ont-ils adopté d'autres ? Voilà la vraie ques-

tion dont nous ayons à nous occuper, tout en tenant compte des
modifications imposées par les usages nationaux, les différences
de constitution civile et les progrès de la civilisation.

Les commentateurs sont loin d'être d'accord sur ce point, et
si, dans la législation romaine, tous les jurisconsultes étaient d'accord sur l'existence d'un contrat innommé qu'ils avaient appelé le
mandat salarié, si les légistes du moyen-âge avaient, à la suite
d'Ulpien, établi une grande ligne de démarcation entre le louage d'un ouvrage manuel et l'exercice rétribué d'une profession
libérale, il n'en est pas de même aujourd'hui. Les législateurs
ont gardé le silence, et cette lacune de nos Codes a donné
naissance à des systèmes divers, soutenus, à l'aide d'arguments sérieux, par des jurisconsultes dont le nom fait autorité.

Nous ne saurions mieux faire que de les passer rapidement
en revue et de leur comparaison tirer notre opinion personnelle.

Pour M. Duvergier, la nature des travaux ou des soins que le
locateur s'oblige à faire ou à donner, ne modifie pas la nature
du contrat. Il y a également louage d'ouvrage, soit qu'il s'agisse
d'opérations qu'exécutent les forces physiques de l'homme, soit
que les actes qui font l'objet du contrat exigent le concours des
qualités les plus élevées de l'esprit.

Les éléments essentiels des deux conventions sont les mêmes;
on a beau employer certaines expressions à la place d'autres
les choses restent ce qu'elles sont. Il y a travail d'un côté, de
l'autre paiement d'une somme que les parties considèrent comme l'équivalent du travail. Les jurisconsultes romains admet-
taient que ce qui différenciait le louage du mandat, c'était la
gratuité de ce dernier; l'art. 1987 du Code civil n'a pas modifié
cette doctrine, puisque cet article dit formellement : le mandat
est gratuit s'il n'y a convention contraire. Le paiement d'un
prix peut se concilier avec la nature du mandat, et le contrat
ne cesse pas d'être un mandat parce qu'il cesse d'être gratuit;
cependant des jurisconsultes ont continué d'enseigner que le

contrat devient louage quand un prix est stipulé, et pour ne pas qualifier de louage certaines conventions auxquelles on n'était pas habitué à donner ce nom, ils ont reproduit la distinction entre le prix et l'honoraire.

M. Duvergier affirme que le travail intellectuel est susceptible d'être apprécié comme le travail physique; que de tout temps et dans nos mœurs actuelles surtout, on paie par un véritable prix les travaux les plus élevés de l'intelligence. Il est universellement reconnu en droit, ajoute-t-il, que la propriété des choses de l'esprit se transmet à prix d'argent. Quand Victor Hugo ou Lamartine, Ingres ou Delaroche avaient terminé un tableau ou un poëme, ils le *vendaient*. C'est l'expression que tout le monde emploie, et que les jurisconsultes trouvent juste et légale. La somme qu'ils reçoivent est un véritable prix. Pourquoi de la leçon de littérature ou de peinture que donnerait un grand peintre moyennant une rétribution convenable ne serait-elle pas un prix? Chercherait-on une différence en ce que le poëme ou le tableau une fois aux archives ont une forme matérielle dont ne sont pas revêtus les conseils donnés, les inspirations transmises dans un enseignement quotidien? A coup sûr, ce serait un misérable subterfuge, car ce qui se vend à très-haut prix, ce n'est pas la forme matérielle, ce n'est pas l'écriture de Victor Hugo, ce n'est pas la toile ou les couleurs de Ingres, c'est leur pensée, leur génie.

Quelquefois, il est vrai, de grands services sont rendus dans l'exercice de certaines professions; le médecin arrache le malade à la mort, l'avocat sauve l'honneur ou la fortune de son client, mais cela n'empêche point que l'on puisse estimer et payer les soins de l'un et de l'autre à leur juste valeur. L'expérience démontre qu'on ne doit pas les apprécier par les résultats qu'ils produisent, car lorsque le malade succombe ou que le procès est perdu, le médecin et l'avocat n'en ont pas moins droit à des honoraires. Evidemment il n'y a plus alors de prétexte pour dire que le service considéré dans ses effets reste toujours au-dessus de la récompense.

D'ailleurs, la distinction entre les arts mécaniques et les arts libéraux, n'est pas aussi réelle qu'on le croirait au premier aperçu. Souvent l'intelligence joue un plus grand rôle dans la fabrication d'une machine que dans la confection d'un livre, et le travail de tel mécanicien l'emporte de beaucoup comme œuvre de l'esprit sur les productions de tel artiste. Cependant, si l'on s'attache aux mots employés pour qualifier leurs travaux, le contrat fait avec le mécanicien sera un humble louage d'ouvrage, la convention conclue avec l'artiste aura toute la noblesse du mandat.

Ce qui distingue le louage d'ouvrage du mandat, c'est que celui qui loue son travail agit en son nom, que les actes qu'il fait émanent de sa volonté et de sa capacité personnelles, tandis que le mandat agit au nom du mandant, que c'est la capacité et la volonté du mandant qui donnent force et effet à ses actes.

Aussi nettement distingués, les deux contrats ne peuvent être confondus ; différents dans leurs essences, ils diffèrent aussi dans leurs effets ; les actes du mandataire obligent presque toujours le mandant envers les tiers, ou les tiers envers le mandant, *qui mandat ipse fecisse videtur*, tandis qu'on ne voit rien de semblable dans le louage d'ouvrage.

Ce serait donc une erreur de croire que c'est à la nature des actes que le contrat emprunte son caractère, et qu'il y a mandat par cela seul que la chose à faire est une œuvre de l'esprit.

Lorsqu'un médecin, un peintre, un avocat, un professeur m'ont promis, moyennant un prix, de me donner des soins, d'orner ma galerie d'un tableau, de rédiger un mémoire dans mon intérêt, de s'occuper de mon instruction, on ne peut pas dire que je leur aie conféré un pouvoir qu'ils n'avaient pas, que je leur aie transmis ma capacité, qu'ils agissent en mon nom, qu'ils représentent ma personne. Ils ne sont pas mandataires et n'auraient à aucun égard le droit de m'obliger envers les tiers.

Au contraire, l'agent d'affaires que je charge de l'administration de mes biens, l'avoué que je constitue dans un procès, empruntent ma capacité, ont le pouvoir de m'obliger envers les tiers; ce sont mes mandataires.

Quant au danger qu'aurait une pareille théorie d'avilir les travaux de l'intelligence, d'ôter aux arts et aux lettres leurs plus nobles encouragements, d'enlever à certaines professions leur dignité et le rang qu'elles occupent dans notre organisation sociale, il n'est pas à craindre. Les mots ne font rien à la chose, et le mandat, dès qu'il est salarié, n'a rien qui le classe au-dessus du louage d'ouvrage.

M. Troplong a soutenu, après M. Merlin, un système différent de celui de M. Duvergier. Merlin soutenait devant la Cour de Cassation la doctrine de Pothier, et que, dans l'espèce, un notaire était un véritable mandataire d'après l'art. 1986 du Code civil, malgré quelques expressions ambiguës de l'art. 1984, qui donne la définition du mandat, et la Cour de Cassation, par arrêt du 27 juillet 1812, avait cassé un arrêt de la Cour de Paris, pour adopter les conclusions du savant procureur-général.

L'art. 1986 suppose, en thèse générale, que le mandat est gratuit; il admet que la convention puisse y ajouter une récompense pécuniaire sans qu'il cesse pour cela d'être un mandat; donc, tout travail qui trouve son indemnité dans une rétribution en argent ne rentre pas nécessairement dans le domaine du contrat de louage; donc, il y a une distinction à faire entre les travaux dont s'occupe l'intelligence humaine, et cette distinction n'est autre que celle que la jurisprudence de tous les temps a enseignée entre les arts mécaniques et les arts libéraux qu'on paie par un loyer et ceux qu'on encourage par des honoraires; sinon, il faudrait bien dire que l'art. 1986 aurait tout brouillé et confondu, et qu'en croyant parler d'une variété de mandat, il n'aurait fait qu'un supplément au louage d'industrie.

D'un autre côté, les art. 1711 et 1799 indiquent suffisamment qu'ils ont entendu renfermer le cercle du louage d'ouvrage dans la catégorie des travaux étrangers aux arts libéraux, laissant au mandat le soin de régler les conventions qui interviennent sur cette dernière espèce de travaux ; en effet, l'art. 1711 appelle loyer tout louage de travail ou de service, et assurément, ce serait déshonorer la langue et forcer le sens que tout le monde attache à ce mot, que de l'appliquer au peintre qui fait un chef-d'œuvre ou au médecin qui sauve un malade.

Enfin, l'art. 1799, qui énumère les principales espèces de louages d'ouvrage, parle-t-il des travaux de l'intelligence, de ces arts sublimes qui élèvent l'imagination et vont enivrer ou remuer nos cœurs par leurs divines émotions ?

Enfin, dit M. Troplong, si l'on admettait le système de M. Duvergier, on ouvrirait la porte à l'industrialisme, branche indirecte de philosophie matérialiste.

Un troisième système est enseigné par les savants commentateurs de M. Zachariœ. L'éminent jurisconsulte d'Heidelberg n'hésite pas à adopter le système développé par M. Duvergier. Dans leurs premières éditions, MM. Aubry et Rau s'étaient aussi rangés à cette opinion, mais ils ont écrit depuis que la convention dont nous nous occupons n'était ni un louage ni un mandat, mais bien un contrat *sui generis*.

Pour nous, après avoir lu les savantes discussions dont nous n'avons pu donner qu'une pâle analyse, nous avouerons franchement que la solution de cette question ne nous a pas embarrassé. Les raisons de M. Troplong nous ont convaincu que celles de M. Duvergier n'étaient pas les vraies, et le système de M. Troplong, malgré l'appui de MM. Demolombe et Marcadé, nous a paru sérieusement battu en brèche par les arguments de M. Duvergier.

L'un nous a démontré que cette convention n'était pas un louage, l'autre qu'elle n'était pas un mandat. Et dès lors nous sommes resté en présence du système de MM. Aubry et Rau, que nous adoptons. A nos yeux nous avons affaire à un contrat innommé. Et pourquoi n'en serait-il pas ainsi dans notre droit français, alors que cette opinion est celle des jurisconsultes romains dont nous sommes heureux d'avoir ici l'appui? A quoi bon aller torturer inutilement des textes pour arriver à une solution fausse, quand il est si facile d'arriver à une saine conclusion?

———————————

POSITIONS

DROIT ROMAIN

I. LE MARIAGE NE SE FORME PAS PAR LE SEUL CONSENTEMENT.
    IL FAUT, DE PLUS, *la deductio in domum mariti*.

II. L'OBLIGATION NATURELLE EST PRESCRIPTIBLE.

III. DANS LE CONCOURS RÉEL DES DÉLITS PRIVÉS, LE PRINCIPE
    DU CUMUL DES PEINES ÉTAIT ADMIS EN DROIT ROMAIN.

DROIT COUTUMIER

I. LA SAISINE HÉRÉDITAIRE DÉRIVE DU DROIT GERMANIQUE.

II. LES RÉDACTEURS DE LA *lex romana Visigothorum*, SE SONT
    INSPIRÉS, POUR LA RÉDACTION DES *interprétationes*, DE LA
    PRATIQUE DE LEUR TEMPS ET DES RECUEILS DE DROIT
    GALLO-ROMAIN ANTÉRIEURS A LA *lex romana Visigotho-
    rum*.

III. LE COLONAT N'EST PAS L'ESCLAVAGE TRANSFORMÉ. IL EST, AU
    CONTRAIRE, UNE DÉGRADATION DES HOMMES LIBRES.

DROIT FRANÇAIS

I. LA POSSESSION D'ÉTAT D'ENFANT NATUREL NE PROUVE NI LA
PATERNITÉ NI LA MATERNITÉ.

II. LA SÉPARATION DES PATRIMOINES EST UN PRIVILÈGE.

III. LE CONTRAT INTERVENU ENTRE LES PERSONNES EXERÇANT DES
PROFESSIONS LIBÉRALES ET CELLES QUI LES EMPLOIENT,
N'EST NI UN LOUAGE D'OUVRAGE NI UN MANDAT, MAIS UN
CONTRAT INNOMMÉ.

IV. POUR ACQUÉRIR PAR PRESCRIPTION L'USAGE DES EAUX D'UNE
SOURCE, IL FAUT QUE LES TRAVAUX DONT PARLE L'ARTICLE
642, SOIENT FAITS EN PARTIE DU MOINS SUR LE FONDS
SUPÉRIEUR.

V. LE PRIVILÈGE ACCORDÉ AUX OUVRIERS ET GENS DE TRAVAIL PAR
L'ART. 2101, NE DOIT PAS ÊTRE ACCORDÉ AUX ARTISTES
LYRIQUES OU DRAMATIQUES. IL EN EST DE MÊME DE CELUI
QUI EST ÉTABLI PAR L'ARTICLE 549 DU CODE DE COM-
MERCE.

PROCÉDURE CIVILE

I. L'ABSENCE DU SAISI OU DE L'ADJUDICATAIRE N'EMPÊCHE PAS
LE RÈGLEMENT DE L'ORDRE AMIABLE.

II. UNE COMPAGNIE DE CHEMIN DE FER EST VALABLEMENT ASSI-
GNÉE DEVANT LE TRIBUNAL, DANS LE RESSORT DUQUEL SE
TROUVE UNE GARE POUVANT, A CAUSE DE SON IMPORTANCE
ET DU PERSONNEL QUI S'Y TROUVE, ÊTRE REGARDÉE COMME
UNE SUCCURSALE DU SIÉGE SOCIAL.

III. LA SURENCHÈRE EST VALABLE DANS LES ADJUDICATIONS SUR
FOLLE-ENCHÈRE.

DROIT CRIMINEL

I. L'AGGRAVATION DE PEINE QUI RÉSULTE DE LA QUALITÉ DE L'AUTEUR PRINCIPAL NE DOIT PAS S'ÉTENDRE AU COMPLICE.

II. LE JURY N'EST APPELÉ A STATUER QUE SUR LA QUESTION DE FAIT, ET NON SUR LA QUESTION DE SAVOIR S'IL Y A UN DÉLIT LÉGAL DANS LE FAIT INCRIMINÉ.

III. LES DÉLITS DE DIFFAMATIONS ENVERS UN PRÊTRE CATHOLIQUE OU TOUT AUTRE MINISTRE DU CULTE, CONTINUENT, SOUS L'EMPIRE DE LA LOI DU 15 AVRIL 1871, A ÊTRE DE LA COMPÉTENCE DE LA JURIDICTION CORRECTIONNELLE.

DROIT COMMERCIAL

I. LE VOITURIER CONSERVE SON PRIVILÈGE SUR LES OBJETS TRANSPORTÉS, BIEN QU'IL S'EN SOIT DESSAISI.

II. LE PANSEMENT ET LA NOURRITURE DES PASSAGERS BLESSÉS EN COMBATTANT POUR LA DÉFENSE DU NAVIRE, CONSTITUENT UNE AVARIE COMMUNE.

III. LES TRIBUNAUX CIVILS SONT COMPÉTENTS POUR CONNAITRE DES CONTESTATIONS ENTRE LES ENTREPRENEURS DE SPECTACLES PUBLICS ET LES ACTEURS A RAISON DES ENGAGEMENTS.

DROIT ADMINISTRATIF

I. LES PLANTATIONS FAITES SUR LES GRANDES ROUTES DOIVENT ÊTRE A LA DISTANCE DES PROPRIÉTÉS RIVERAINES FIXÉE PAR LE DROIT COMMUN.

II. LES ARBRES PLANTÉS SUR LES CHEMINS VICINAUX APPARTIEN-
NENT AUX COMMUNES, ET LEUR PRODUIT DOIT ÊTRE VERSÉ
DANS LES CAISSES COMMUNALES, BIEN QUE L'ÉTAT AIT AIDÉ
A LEUR PLANTATION.

III. LE MINISTRE N'A PAS LE POUVOIR RÉGLEMENTAIRE.

IV. L'HOTEL-DE-VILLE EST DU DOMAINE PRIVÉ DE LA COM-
MUNE.

V. LE PRIVILÈGE ACCORDÉ AUX OUVRIERS DE L'ENTREPRENEUR
D'UN TRAVAIL PUBLIC, PAR LE DÉCRET DU 26 PLUVIOSE
AN II, PEUT ÊTRE EXERCÉ DANS LE CAS D'UN TRAVAIL EN-
TREPRIS DANS L'INTÉRÊT D'UNE COMMUNE OU D'UN DÉPAR-
TEMENT, LORSQUE L'ÉTAT PARTICIPE A LA DÉPENSE.

———————

Vu par le président de la Thèse,

H. ROZY

Vu par le Doyen,

DUFOUR.

Vu et permis d'imprimer,

Le Recteur,

GUIRAUDET.

Cette Thèse sera soutenue en séance publique dans une des salles de
la Faculté, le   juillet 1874.

Les visas exigés par les règlements sont une garantie des principes et
des opinions relatifs à la religion, à l'ordre public et aux bonnes mœurs
(statuts du 9 avril 1825, article 41), mais non pas des opinions purement juridiques dont la responsabilité est laissée aux candidats.

TABLE DES MATIÈRES

www.ingramcontent.com/pod-product-compliance
Lightning Source LLC
Chambersburg PA
CBHW072354200326
41519CB00015B/3760